人生，不只是一場馬拉松

藍白拖——著

目錄

Chapter 1

別怕瘋狂的想法

Chapter 2

不是每位冒險者，都特別勇敢

Chapter 3

人生要像看電影，不知道劇情才好看

Chapter 4

「偏見」會阻擋「看見」

Chapter 5

面對焦慮時，寫下你的清單

Chapter 6

你還記得第一次看世界的眼神嗎

Chapter 7

花時間和自我相處，是生命中最重要的投資

前言

出走，有時只是為了打破心中的沉默結界……

我家孩子正在念小學，喜歡跟同學夥伴們玩在一塊兒，寒暑假結束總是比誰都開心地去上學（但相信我，爸媽其實也很開心）。不過，他也曾經有過拒學的時候。

甚至是早在幼兒園，就開始拒學。

那年，他每次放學回家就立刻把書包丟地板，當我開心問他：「今天好玩嗎？」

反而像是開啟他的不開心按鈕，什麼都不想說，有次還激動大喊：「上學怎麼可能會好玩！」

關心他為什麼不想上學，總是一句「就是不喜歡」。明明學校沒什麼作業壓力，老師也說狀況正常，但就是找不出抗拒的動機。

當時遲遲找不出原因加上孩子抗拒力道增強，我心想不上學那就上路，接著向學校請假，父子去搭便車環島，帶著孩子逃跑去冒險，逃離不喜歡的地方，越遠越好。

這些點滴，還曾經記錄下來，變成我寫給他的一本書《我的學號是爸爸》。

在路上，我跟他聊生活和美食，就是不聊學校的事。離校出走數天後，他終於放下防衛盔甲，開始傾吐真實的感受——因為在學校沒朋友、同學笑他是笨蛋、害怕老師說話大聲……

環島移動的日子，他的思緒連同行李一起被整理，知道自己雖然討厭學校，但是心底還是想和同學玩，他最後主動選擇回去，日後也不再抗拒上學。而我，也開始思考孩子適合怎樣的學習環境，身為父親，我能給予他什麼，幫助他什麼。

拒學事件後，我和他開始了一個「真心話大冒險」的遊戲，每晚睡前一家人要聊當天的開心與不開心，約定以後又有「不想上學」的感受，就再次離校出走，一起去探索內心的感受。當時孩子聽到這個約定，笑著說：「我覺得上學比較輕鬆，在太陽下攔便車太辛苦了。」

他臉上的笑容終於回家了。

這件事讓我知道，家有溫暖但也有結界，無法聊真心話的魔咒結界。若要打破結界，必須離家出走。

人走出去，不代表心就回不來，有時反而出走，是找回初心的方法。

我曾對孩子說：「如果有一天你無法上學或上班，無法做自己，無法努力了，那就整理行李，我們一起上路逃跑去冒險。」

這段話，也想送給翻開本書的你。

人生不只是一場馬拉松，生命可能也是一場漫長的冒險，有著許多打不完的大魔王。

如果有一天你真的無法努力了，沒關係，那我們就收拾行李走出去，把被「恐懼魔王」擄走的勇氣要回來。

有時候，懂得適時出去探險，跟淨空自己，才是「努力」的電力用完時，最棒的充電器。

出去走走，有時反而會和生活變得更親密，放下彼此的隔閡與困惑，重新成為無話不談的朋友。

Chapter 1

別怕瘋狂的想法

1 你可以擁有，瘋狂且巨大的想法

雖然我二十幾歲就放下工作到世界各地去旅行，回來之後就業沒多久，就決定追求心中的想法，成為一個專職作家跟社群經營者。「瘋狂想法」這件事，未曾因為我體驗完 Gap Year、改變了人生跑道後就結束。

三十歲出頭，剛結婚、成為爸爸的時候，腦袋曾經有一個瘋狂且巨大的想法——開著一台露營車，約一群擁有各項技能的朋友環遊全世界。可想而知，若真要執行計畫，有各種問題要解決，假如要列出一張待克服的問題清單可能會有一長串。

然而當時我的清單很單純：

一、找資金（優先處理）。

二、找人。

三、規劃路線。

身旁幾位朋友也都說有興趣，但考量到工作、家人、資金，最後不了了之，沒有後續劇情，直接句點收尾。

當然，我後來發現，其實有了家庭、成為父親，面臨到的問題也不再跟單身時一樣，想好怎麼籌備旅費就好，生活面對不一樣的考驗。

過去是在世界各地探索的背包客，現在變成在照顧者與作者身分中探索自我。

不只我，相信許多二十幾歲的冒險者，到了三、四十歲後，都遇過這樣的轉折。

甚至有些只是腦海裡的冒險家，從十幾歲到二十幾歲，單身時即使總覺得錢不夠，還是一心想著冒險；成家立業了，發現人生最大的冒險，是保護一個孩子長大。原來最樸實的想法，以為最簡單，結果這趟旅程，最瘋狂。

我的故事不是個案，我猜每個人都曾經有過瘋狂的想法，但要從「想法」切換到「實踐」必須克服重重阻礙。一般人走路時撞見高聳牆壁，正常反應都是切換道路，極少人會站在原地思考該如何把牆鑿開，所以從瘋狂想法切換回到理智的頻道，也是常態。

年輕時的我能夠成為冒險家，或許也要謝謝我的父母。他們是創業冒險家，對於生活有各式各樣的探索跟詮釋，一直探索各種人生可能。所以在成為父母前，對於冒險的探索，覺得那把鑰匙一直都在自己手裡，只是看要不要開啟，不需要有那麼多顧慮。

成為父親後，才深刻體會到，身旁少有家長灌輸孩子「夢想最重要，工作與家人放其次」，擁有好的工作、收入與懂得照顧家人，是主流價值觀。連我的創業冒險家父母，也曾對我有這樣的期許。

不要說他們，假使有天我聽到孩子說要開露營車環遊世界，我可能會因為過度關心而提出各種質疑，間接成為他人生道路上設路障的凶手。

在決定冒險的過程中，難免會遇到一些路障凶手，而那些，往往就是最親密的人，因為愛跟擔憂，築起一個名為「愛」的路障。好消息是，世界上總會出現幾位不一樣的人，有跨越高牆阻礙的決心，也會用盡心力去說服身邊的人接受，並放手讓他們冒險。

他們最厲害之處，是不僅能適應都市叢林法則，冒險之餘，還懂得實踐。

如同達爾文所說：「最終能生存下來的物種，不是最強的，也不是最聰明的，而是最能適應改變的物種。」

這些擁有實踐力的人是瀕危動物中的特有種，更顯珍貴。他們不是豺狼虎豹，也不屬於只能被保護的可愛動物，而是懂得翱翔的開拓者。

有一個真實故事：英國有兩位年輕人在酒吧喝酒聊天，A想知道從英國開計程車去澳洲的話跳表會是多少錢，接著拿出地圖與麥克筆畫出一條線，作為旅行路線。聽到如此天真與瘋狂的想法，年輕人B立刻提出質疑：「如何負擔旅費？何時去做？（他們當時還在大學讀書）要去哪弄輛計程車？有人會修車子嗎？」A用簡單幾句話解決了所有質疑：「或許可去找贊助商、畢業後出發、上網買車、有認識會修車的朋友（後來對方也答應要去，三人成行）。」

三位年輕人展開從未有人執行過的瘋狂團隊計畫——開計程車環遊世界。

過不久，三人湊錢上網花了一千三百五十英鎊（當時約五萬台幣）買了一台二手英國老計程車，但他們很快就把夢想放一邊，轉頭準備學校期末考。

買了車子後，他們才意識到根本無力負擔這趟行程的資金，於是開始寫計畫向公司行號申請補助，幸運獲得部分資金。但後來又發現，即使有旅費，要如何讓一台破銅爛鐵去環遊世界？

他們再次找贊助，深知如果伸手向企業要錢，幾乎永遠遭拒，但若討要一項產品，通常能夠如願。就這樣要到了馬達、發電機、輪胎、懸吊系統、車頂架、絞盤、音響、相機，大概只差沒要到汽車皮椅，前後找到二十七家贊助商。

車子改裝完成後，按計畫畢業後出門。剛出發時，儀表指示燈時好時壞，霧燈和暖氣還壞掉，到底三位大學剛畢業的學生能否安全回家？

經歷十五個月、行走四大洲五十個國家、九十七次修車，最終車資累計跳表七萬九千英鎊（約兩百九十萬台幣）、募款兩萬英鎊（捐給公益單位）、締造兩項金氏世界紀錄：計程車旅行最長距離（六萬九千七百一十六公里）、計程車旅行最高海拔（五千兩百二十五公尺）。

是的，如果他們沒完成計畫順利回家，我也無法分享故事。

以前學校老師常勉勵我們要「學以致用」，但學了這麼多，離開學校後也不知道要用在哪裡，出社會後反而是「用以致學」——需要了才回頭學。三位英國年輕人克服障礙，邊走邊學，鏡頭拉遠看，因為有一個「瘋狂的想法」所以才有了一個「學習的機會」。

與其說完成一趟「大旅行」，不如說是「大學習」。

學習擁有決心、財務金融能力、團隊合作、語言能力、危機處理應變能力、創造力、回饋社會的心，最重要的是學會和父母溝通。

在路上學到的經驗會刺在靈魂裡，很難洗掉；在學校裡學到的，像是用鉛筆畫的素描草圖，手指誤碰就糊掉。

冒險家的心，不會隨時因為身分轉變而消失。我還會想冒險？當然，時時刻刻都有著想探索的心。

也因如此，身為過來人的我想奉勸大家，當你突然有一個瘋狂的想法，千萬不要直接和家人說。亞洲人的心臟和歐美人不同，要懂得包裝，要和家人說「你有一個學習的計畫」，想要學到哪些東西，列出學習清單。

當家人看到積極態度與學習的上進心，認同感會提升，說不定還會主動贊助資金。畢竟亞洲人喜歡好學的孩子，太浪漫瘋狂很不切實際。還記得達爾文說的嗎：「最終能生存下來的物種，不是最強的，也不是最聰明的，而是最能適應改變的物種。」

身為上班族，或已經有了另一半，還是想要出去探索，請利用你們的「真心話時間」，去感動他們——出走探險，有時是為讓了自己更懂得回家的路。

雖然我想約一群朋友開露營車環球的計畫沒實踐，但我把我的瘋狂想法，改成了帶著孩子去探險。幾年後，我和我六歲的孩子搭便車環島，從台北一路攔便車到高雄，一起挑戰世界的不確定，一起吵架與和好，一台車接著一台搭，這段刺激旅程不輸開露營車環球，幸好沒放棄瘋狂想法的信念。

有了好奇心卻什麼都不做，當然無故事可說；開始做點什麼，才有說不完的精彩故事。

等下我又要去寫下一趟的「學習計畫」了。

”如果你不規劃自己的人生，那你可能會落入別人的規劃裡。“

2 有了好奇心，從房間到客廳也是一趟小旅行

去演講時，常常有人問我：「結婚生子後，是否就不再冒險了？」冒險，其實有很多方法，並非孤身去極地探索，才是冒險。冒險，有時是心之所向。

以前我是沙發衝浪客，為了旅行可以四處去睡世界各地旅人支持者的沙發；如今，我的沙發衝浪，是坐在家中沙發閱讀，把書本當作海洋，四處翱翔。

那麼，我有沒有羨慕過別人？當然有，而我都是靠轉念，防止過於羨慕別人。

我有一位以旅行為志業的好友A，疫情前，每年有三分之二的時間都在世界各

地遊走，所有的旅程會提前半年規劃並訂好機票，至今已走過一百多個國家。

對A而言，去新國家就像打開超商集點卡，輕鬆集點。每當聊起又要去哪些地方，我都要先打開 Google 地圖查詢，再驚嘆世界上竟然有沒聽過的國家，A根本就是一個活的 Discovery 旅遊生活頻道。

A開拓我的眼界，同時也讓我感到渺小，反觀自己好多地方沒去過，羨慕他說走就走、無拘無束的生活態度。

尤其聊到全身的旅行血液沸騰時，眼看又到了要接小孩放學的時間，只能斬斷話題打醒自己，轉身面對現實，然後騎機車的路上緬懷青春死去的我，那時的我和A彷彿活在平行世界。

疫情來臨後，A的任務變成退多筆機票，運氣好會退錢，運氣不好只能改期或被賴帳，接著展開長期的滯台之旅，他在臉書留言「好久沒有在台灣待這麼久了」，如果是不熟的人看到會當成炫耀，但他不是，這是長途旅行者的嘆息。

疫情嚴峻期間，許多臉友紛紛懷念起出國旅行的美好，希望病毒退散。A在家自拍合成照片，把自己P圖到異國，疫情穩定後，去爬山、練習全馬、走遍台灣各地美景，不停止探索的腳步。疫情可以困住人，但困不住有好奇心的人。

撇開疫情不談，我也曾經被某種力量困住，身分、年齡、經濟能力、家庭、責任感，當我愈恐懼，手腳就愈沉重，彷彿有幾百雙手拉著軀體阻止我離開原地，好奇心被吞噬。

經過一段時間的壓抑，我放棄了恐懼，改變想法轉而挑戰恐懼。

婚後，我曾經試著一個人單獨出去旅行一週，當時我冒險的心滿足了，但回家後卻發現，這樣的旅行模式需要改變，不能像以往那樣說走就走。

比恐懼更可怕的是因為害怕而靜止不前，那麼，我們就更是要試著去挑戰它。

二十多歲時，因為害怕人生往後空白，所以獨自旅行一年；婚後冒險的心揚起時，知道一個人行不通，所以選擇帶著家人出國旅居一個月，以及父子搭便車環島；當孩子也培養出冒險的樂趣，想要跨出台灣，但害怕語言不通，我說這樣才值得挑戰，於是父子日本四國遍路。

當我改變了思維，那些看似拉住我的幾百雙手，其實是推著我，把我推向不一樣的世界，推我出門成為旅人。

我享受離開原地與抵達目的地的過程，保有移動的儀式，視出走為旅人的回廠保養。

要是只能在家怎麼辦？當時我的作法是打開 Google 地圖環遊世界、閱讀書籍、欣賞有旅行元素的電影。有了好奇心，從房間到客廳也是一趟小旅行。

要是覺得台灣不好玩怎麼辦？就把自己想像成是外國人，第一次來台灣旅行。還記得你遇到第一次來台灣的外國朋友嗎？當時怎麼介紹台灣？

聽說台灣人熱愛紐西蘭的大自然景色，但我遇過紐西蘭人特地跑來台灣爬山看風景。如果我們能擁有紐西蘭人的好奇心，在台灣玩就像出國玩。

其實「旅行」是不用討論的，就像學騎腳踏車，去騎去跌倒就學會了，坐在教室學一萬個小時的騎車原理，只會加速生病。

”

世界上沒有不好玩的地方，只有不懂玩的人，每個人手中都有一支可以瞬間移動旅行的魔法棒。

“

3 看起來有能量的人，就是你最好的心靈充電器

當你覺得心靈快沒電、又無法去旅行時，會怎麼做？進行一場追劇馬拉松？線上遊戲玩通宵？跟三五好友去飲酒暢聊？還是點一大盆鹹酥雞、吃一堆零食，或者去跑步、運動，揮灑汗水？

我的充電方式，聽演講以及與朋友對話。

比起演講，我更喜歡聽演講，聽講者分享挫折與低潮，最後改變生命故事劇本。看著講者的自信笑容，坐在台下的我可以獲得心情為之一振的力量，想立刻做點什麼改變。看著對方即使面臨逆境，依然懷抱期待與積極的信念，儘可

能在日常生活中學習成長，對未知的事物充滿好奇並且行動力強，不被苦日子擊倒。而我也喜歡與和樂觀的朋友對話，總能被對方的正向態度感染，體內一股正能量開始擴散，最棒的是會幫助我停止悲觀，轉移負面情緒。

這群身上散發正能量的人，他們就像是一座充滿大量「心靈芬多精」的森林。所謂的芬多精是由植物的花、莖、幹、葉所散發出來為了防止有害細菌入侵的香氣，可以消炎殺菌、鎮定情緒。心情不好時，若有時間去山上走走，在森林裡探索，你會發現，許多毛毛躁躁的想法，會隨著汗水，被森林特有的氛圍、陽光，一起帶走，身心都感到健康。

不能上山下海去感受大自然的力量時，「人」的力量，有時也會有瞬間療效。這些充滿能量的人，感覺就是都市裡的森林，聽他們的故事，那些話語就像是一種「能量芬多精」，他們的氣場可以幫助我們殺菌，只是那個菌，來自我們心裡。

負面情緒像細菌會入侵身體，有了芬多精可以防止壞想法入侵以及安定身心，殺死壞細菌。吸取他們的能量，我們就不會陷入情緒沼澤裡。所以，比起跟一群朋友們吐苦水，說這不好那不好，或整夜上網打打殺殺，我倒是喜歡到人類森林裡走走，但這森林不是隨意的一群人，是充滿能量跟有精彩故事的人。

常有人問我：「如何保有生活的熱情？」

我都靠吸取心靈芬多精：聽演講、找對的人聊天，不然就是閱讀，讀各種啟發人心的故事。

假若參加完演講或和正能量朋友聊完，還是無法阻止負面思緒擴散怎麼辦？如果是我會動腳探尋一片更大的森林，吸更大量的芬多精。

現實生活中的森林在哪？書店、讀書會、社團、運動、一部電影、聽一首歌或一趟旅行，也可能是一位願意傾聽的友人，或是直接把自己帶進大自然。芬多精吸久吸多後，總有一天你也會變一座森林，成為能量芬多精的供應者。

”

「負面情緒」如同慢性病，往往難以察覺，靜悄悄躲在身體裡。所以，定期的心靈探索，是最好的消滅方法，努力尋找你的心靈芬多精吧！

“

4 身體，才是最棒的靈感啟動器

我開過一門旅行寫作課，課堂學員大多熱愛旅行，渴望把旅行故事記錄下來。當時學員們共同的提問是：「沒有靈感，不知道可以寫什麼。」

對浪遊在異國的旅行者，若感受巨大的文化衝擊，卻無法內化並轉化成文字，除了可惜也會自責，無法認真記錄珍貴的回憶。

許多書籍常說旅行可以獲得不一樣的靈感，但在路上的旅行者若沒寫作靈感，一定會自我懷疑是哪個環節出問題。但有時候，靈感不是沒出現，只是暫時躲起來了。靈感，當然不僅限於寫作，生活的靈光乍現，對生命的細微感觸，有時，也是一種靈感。

所以我帶學員玩一場遊戲，讓他們戴上眼罩，從三樓教室搭電梯到一樓大廳。閉上眼，打開耳朵、手與腳，用身體去「看路」。

遊戲結束後，所有人都很有感並且主動分享，我試著讓感受來自「身」，而非「心」。

一趟小旅行，學員們瞬間有豐富感受可以書寫。我讓他們用身體去找回藏在心中的靈感，靈感沒去哪，只是大腦的理性阻擋在那，想要出一堆主意，卻失去了本心。

有一則故事最能呼應用「身體」去體會感受歸來，比用大腦想破頭召喚「心智」來得重要。

一群學生到處尋找快樂，卻遇到許多煩惱、憂愁和痛苦，他們向聞名的大哲學家蘇格拉底請教：「老師，快樂到底在哪裡？」蘇格拉底說：「你們還是先幫我造一條船吧！」於是這群學生暫時把尋找快樂的事兒放一邊，找了工具，用了七七四十九天，鋸倒了一棵又高又大的樹，挖空樹心，造出一條獨木船。

獨木船下水了，他們把蘇格拉底請上船，一邊合力划槳，一邊齊聲唱起歌來。蘇格拉底問：「孩子們，你們快樂嗎？」他們齊聲回答：「快樂極了！」蘇格拉底說：「快樂就是這樣，它往往在你為了一個明確目標，忙得無暇顧及其他的時候突然來訪。」

我認為並非旅行經歷豐富、文筆好、靈感多，才能從事旅行寫作，而是要「寫作旅行」，讓每一次寫作成為一趟旅行，去觀察、採集與整理心智和身體活動的感受，享受內在探索與挖掘的旅程，你就會漸漸愛上寫作。

同理，當你想要某個東西，例如「快樂」、「穩定」，甚至那些你以為需要坐在那邊「想」出來的事情，往往不是這樣，而是要用身體去感受，那才是最好的靈感啟動器。

”

世界上最迷人也最值得書寫的故事，就是即便全宇宙都聯合起來阻止你，還是無法阻擋決心的故事。放下大腦思索，用身體找出你的決心吧。

“

5 消滅焦慮，其實比打死蟑螂容易

如果你問一群人怕什麼，可能有些人會說蟑螂、老鼠、蜘蛛、蛇……但很少有人會說害怕「焦慮」。

當被焦慮纏上時，往往比家裡出現蟑螂還煩惱。但你知道嗎？要消滅焦慮，只要你懂得準備，有時候比打死一隻蟑螂容易。

一群美國科學家追蹤了三千兩百位美國年輕人長達二十五年之久，記錄這些人運動和坐著看電視的時間。除此之外，還對年輕人做了不同的心理測試，觀察他們的記憶力、注意力和認知（思考）過程的速度。

結果顯示久坐的年輕人記憶力和注意力都較差，思考速度也較慢，而且差異十分巨大，每天至少坐著看三小時電視的人，最終的測試結果都很糟糕；反之長期運動的人，測試結果都比久坐好。

因此科學家發現，久坐不僅會讓精神不集中、焦慮、憂鬱，還讓思考變得遲鈍、認知功能受損。

近幾年觀察身旁朋友，我發覺經常運動的人氣色較好，個性較樂觀並勇於挑戰新事物，遇到困境時能正向或幽默態度面對，較少抱怨人生。反觀不常運動或不愛戶外活動的人，身體可能經常出狀況、個性較陰沉、不易親近、經常性焦慮與煩躁，若熱情邀約對方參與活動，還會被潑冷水。

可見久坐不只傷害大腦與身體，還傷害社交關係。

久坐不宜這件事，手遊也想到了，受全球歡迎的手遊 Pokémon GO，除了皮卡丘可愛之外，背後的用意也非常正向，鼓勵玩家移動與社交。有次在路上看到陌生人抓寶，沒想太多就找他聊天，對方也沒太多戒心，熱情分享自己在抓哪隻，這互動感覺有點神奇。

抓寶也能讓人精神專注與找回好奇心，是多好的事。

我是一個無法久坐的人，在家待太久會全身不自在、莫名焦慮感，雖然我喜歡靜態閱讀書籍，但真正能舒緩焦慮的是身體移動，除了找回好奇心，還能轉移生活的不安。

看到蟑螂要起身打死才能消滅，焦慮一樣也是，躺在那邊喊著「蟑螂走開」牠不會消失；不要讓焦慮盤據心靈，移動就是最好的方式。

有一陣子迷上爬郊山，選離家最近的山，同一座山爬了數十次，一度感到無趣。某次在同樣路線聽見不同昆蟲的聲音，才意識到同一座山、同樣的路線，竟然會隨著四季更迭景色、溫度、聲音、氣味，看似無趣而單調的行走路線，其實都存在著趣味與改變。

當我遠望高山風景，開闊景色同時把我打開，療癒莫名的不安，免費自然療法，純天然諮商師，和搭飛機看風景的療效相似。

以前焦慮時，我習慣久坐椅上找答案。現在則是運動，多動一點，就可以獲得多一點好運。

要是沒時間爬山怎麼辦？那就把生活當成一座山，在日常裡做點小改變，原本習慣搭電梯，就改走樓梯；搭捷運習慣搭手扶梯，就改走樓梯，一樣是培養移動與往上爬的習慣。

只要動，令人恐懼的心靈蟑螂，才有機會被消滅。

”

久病成良醫，久坐沒藥醫。

“

6 換位思考，是你的人生虛擬智囊團

一位年輕朋友約我喝咖啡，因為煩惱是否該放下工作，出國打工度假。

我開玩笑說要先放下猶豫的煩惱才對，接著問：「有敬佩的人嗎？」他說了一些欣賞的旅行家，嚮往他們的生活方式。我繼續追問：「如果你是他們，會怎麼解決眼前的煩惱？」

「當然直接衝出去啊，工作再找就有了！」

一瞬間，屬於他的答案出現了。

解決人生煩惱，我都用這個好方法：想像自己是受敬佩的那個人。如果換成別人會如何選擇？把困難的人生問題丟給有經驗的前輩，換人幫忙做決定。

如果我是謝哲青，該離家出門看世界嗎？該去一趟西班牙朝聖之路嗎？旅行回來一無所有怎麼辦？這些謝哲青都經歷過。走過一百多國的人，知道離家去遠方會有什麼結果，知道如何面對各種未知。

如果我是安藤忠雄，年輕時想要看世界，但身上沒錢怎麼辦？假如對一件事有極大興趣，但一竅不通怎麼辦？這些安藤忠雄也都經歷過。在成為偉大建築師之前，他曾當過職業拳手，存到錢後就出門看全世界的建築，一生未受過正規的建築教育，僅在建築公司工作過一小段時間。

我們所有的煩惱，走在前方的冒險者都經歷過，甚至面臨更艱苦的困境。看他們如何跌倒又如何站起來，可以獲得向前邁進的勇氣。

我喜歡用這招「把棘手問題丟給別人」的換位思考法，處理猶豫的煩惱，當成虛擬的人生智囊團。

那些我們喜歡的冒險者或敬佩的人都可以這樣做，為何我不能試試呢？試了不行我們可以再後退，至少多了一個「體驗」。而且，如果他們做到了，我也做到了，那不是更棒嗎？

「時間不等人」這句話很老派，卻很實用。這些勇氣，踏出去就會變成禮物。想想小時候學騎腳踏車和學游泳的自己，當時，你是自信滿滿地覺得可以踩著踏板前行，還是小心翼翼怕跌倒？學習游泳換氣時的你呢？

「挑戰未知」其實存在在生活之中，只是我們常常在學會後，就忘了。

”

十年後，會令你失望的不是做過的事，而是你沒做過的。

“

7 若說年輕是最好的本錢，那就創造年輕的心

假設你現在七十五歲，想一個人去歐洲自助旅行，但身上只有十八萬積蓄、沒有出國旅行的經驗、完全不會外語、身旁朋友也不支持，你還有信心出走嗎？

台灣有一位趙慕鶴爺爺，工作退休後一直很想去法國，因為常在雜誌上看到巴黎鐵塔、凱旋門、聖母大教堂和古老的法國建築，好奇親臨現場看到壯觀建築的感受，於是在七十五歲時當了背包客，踏上歐洲之旅。

行前，他和住在英國的台灣朋友聯絡，先飛到英國住了幾天，之後坐火車到法國，看到歐洲人在火車站休息和睡覺，便學習他們睡車站；因為沒有事先訂旅

館，在車站觀察身上揹著背包的年輕人，跟著他們一起走，就能找到便宜的青年旅館。

到了法國，不懂外語，他在車站拿了景點介紹傳單，指著圖片問路，終於看到期待已久的壯觀建築。他前後在歐洲遊歷五個月，住青年旅館和朋友家，一共花了十八萬。

「人啊，有機會總要試一試，試試還有點希望，不試就希望全無，更別說達到心願了。」趙爺爺說。

光一趟旅行可無法滿足趙爺爺的好奇心，九十三歲到醫院當志工，九十六歲考上南華哲學研究所，九十八歲拿到碩士學位，一百歲書法作品（鳥蟲體）被大英圖書館收藏，一百零六歲仍在清華大學中文系修課，準備攻讀博士班，每週從高雄搭高鐵去新竹清大旁聽課程，最終享壽一〇七歲。

年輕的你，心中一定有很想去的地方、很想看的東西、很想嘗試的事，卻因種種因素擱置想法，遲遲未行動。這次聽趙爺爺的話，有機會總要試一試，試試還有點希望，不試就希望全無。

你可能會問：「機會從何而來？」機會來自年輕的心。如果說年輕是最好的本錢，那就創造年輕的心，創造本錢。

有了本錢，機會在眼前。

”年紀可以吞噬青春，但吞噬不了有青春靈魂的人。“

8 惡意來襲時，信念強大的人不會被震垮

如果信念是一棟房子，惡意與他人的想法就像是地震，我們無法預測它何時發生、從何而來、強度多大。偏偏我們又容易在意別人的想法，內心的房子一碰就倒。

若要統計我一生的地震來襲次數，少說也有上百次，地震規模最強的莫過社交平台，現在內心的房子還沒倒，靠的是自我保護措施，強化房屋結構的「防震係數」。

防震係數越高，一棟房子可承受的震度就越高；換言之，一個信念的防震係數

越高，可承受的外力也越高。該如何提高信念防震係數、防止突如其來的主震加上餘震？

我都靠兩個習慣強化生活結構。

一、培養「身體運動」習慣：身體健康，心靈會跟著健康，專注運動可以轉移負面情緒，讓腦袋真正休息，世界上有許多科學實驗顯示運動會讓人變得樂觀、精神變好，最棒的是讓飯變更好吃、晚上睡更好，至今我還沒遇過睡眠品質差，卻有高生活品質的人。

二、培養「心智運動」習慣：健康情緒會製造驅動力，想讓自己變得更好的內在動力開始轉動，心智運動和身體運動一樣，可以透過持續性的鍛鍊強化細胞，增加情緒韌性。

心智運動選項豐富，閱讀書籍、看電影、聽音樂、聞精油、登山或藝術創作。

持續的書寫，也是我培養心智的另一個方式，不一定要都寫在社群網路，有時候有些內容放在自己的筆記本跟電腦裡，讓它沉澱一陣子，會有不同的體悟。

研究發現，每天選定一個會引發內心強烈情緒的主題，進行十五至二十分鐘的書寫，有助於個人從壓力經驗中獲得意義，並且更適當地表達正、反情緒。

強化生活結構，即是強化信念的結構，提升信念防震係數。當惡意地震突然來襲，信念強大的人不會被震垮。

“地震工程界流傳的一句話：「地震本身不會殺人，但建築物會。」別怕心靈地震，讓我們一起強化生活結構吧！”

9 去哪冒險不重要，重要的是擁有冒險靈魂

我想，對於極度渴望冒險與急於追尋有趣的人來說，「平淡生活」就是大魔王。一遇到就會立刻武裝想要打敗它，若打不贏就會想辦法暫時逃走，等時機成熟再來一場絕地大反攻。

我也曾經覺得「平淡生活」就是我的大魔王，若按照從小到大看的冒險故事、動畫卡通，甚至連超級瑪利歐的說法，人生終極目標就是擊倒大魔王，過著自由自在的快樂生活。

當我秉持著這樣的信念，路上遇見大魔王的同路人，跟我說「平安平順才重

要」、「懂得溫飽才是福氣」、「工作喜不喜歡不重要，錢比較重要」時，會質疑對方為何不冒險，為何要過著無趣的生活，然後與喜歡平淡生活的人保持距離，不願和他們做朋友。

這就是冒險的陷阱，讓你討厭普通、厭惡平庸，想盡一切辦法逼你逃跑並且孤立你，讓你無法與平淡共存。

但這個名為「平淡」的大魔王，真的不能只能打倒，不能聊聊嗎？

我認為有一個好方法是「合作」。練習放下武器與盔甲，約大魔王喝咖啡聊天，一起商討新的可能，不一定要對立互相傷害，也可以來一場「平淡的冒險」，讓自己與生活保持好關係。

因為，生活也是一場冒險，這是三十歲之前的我，未曾想過的。

畢竟再刺激、再有趣的體驗，全由生活所組成，生活才是母體。

冒險或平淡，其實都是配角，真正的主角是生活。身處冒險時，可以保有平淡心；身處平淡時，可以懷抱冒險心。這樣的生活更豐富好玩。

我認識一些喜愛平淡生活的推崇者，生活不急於前進，因為喜歡慢步調，先安好生活，再求冒險。若遇不到轟轟烈烈的冒險也沒關係，因為生活本身就是一場冒險。

我也認識一些生活追求轟轟烈烈的冒險家，以探索世界為志業，和他們聊起接下來又要去哪一個國家旅行，言談舉止非常淡定，淡到就像問等下要搭哪台公車回家，如果我表現得太驚訝還會嚇到對方。

在台灣無法出國的日子，這些人依然四處探險，持續轉動好奇心；疫情嚴峻無法出家門時，有人甚至電腦修圖，讓自己置身世界各地。

我在他們身上看見「去哪冒險不重要，重要的是擁有冒險的靈魂」。

當你覺得現在的生活好平淡，簡直快要被日復一日的平淡大魔王擊垮時，靜下來去體會，那些或許也是生活的精彩與冒險，只是被心中煩躁給遮住了。

”

秉持著冒險的心，到處都是你的闖關樂園。

“

10 「猶豫」是重獲新生的換羽期

你有過猶豫不決的時候嗎？站在速食店前面，想著不知道要吃什麼；轉著遙控器，心想怎麼沒有一個節目是自己想看的；更別說有些女孩子，兩套衣服要穿哪套都得想半天……

猶豫，是每個人都有的，有日常生活小決定的猶豫，也有大事件的左右不定。站在「猶豫」面前，人顯得格外脆弱、不敢做決定，深怕做錯決定就是失敗者，於是討厭猶豫。小心翼翼、緊張兮兮，深怕一個決定壞了後面的人生。

大學一年級時，我想出門看不一樣的世界，但怕語文能力不好、生病或遭遇危險，遲遲不敢決定，一猶豫就是四年，領畢業證書那天沒有任何喜悅感，只有一事無成的厭惡感。直到進入社會開始工作，那個厭惡感快壓垮了我，於是我決定衝出去。結果，原來前面的猶豫期都是自己嚇自己，闖出去才有了新契機。

所以我討厭猶豫，也討厭看起來猶豫的人，花了好長一段時間重新解讀，才轉念把猶豫的脆弱視為好徵兆，如同鳥類的「換羽期」也特別脆弱，暫時無法鳴叫或飛翔。

「換羽」是羽毛的定期更新，舊羽毛褪去，長出堅固新羽毛。各種鳥的換羽速度不同，有的數星期、數月，有的長達數年，每隻鳥都有屬於自己的速度。其實熱愛飛翔的冒險者也有換羽期，一般人僅能看見他們身上的新羽毛，誤以為他們總是堅強，毫無脆弱的一面，事實卻非如此。

艾力克斯・霍諾德（Alex Honnold）是美國第一位徒手攀登美國酋長岩（過程中不使用任何繩索或防護裝備）的攀岩家，雖然天生喜愛探險，但並非天生無所畏懼。他剛開始徒手攀岩時，面臨龐大的恐懼，但經過一段時間的培養，他訓練自己不要害怕。

他的冒險驅動力來自渴望學習與成長、追求複雜挑戰，他在一個專訪裡曾說：「我想嘗試別人沒有做過的事，挑戰自己的極限，試探自己的能耐。在某種意義上，這股動力可說是好奇心，是探險家都有的精神，我想看看前方究竟有什麼東西。」

科學研究人員做了一個實驗，讓他觀看臉部血肉模糊的屍體照，並用核磁共振檢查腦中杏仁核的情緒變化，但是他幾乎沒有任何變化。研究人員推論，這是他多年來訓練自己控制恐懼與未知所導致。

艾力克斯教會我兩件事：

一、脆弱是一種自然反應

二、只要透過訓練，每個人都能學會不被恐懼控制。

若你下次遇到「猶豫期」，遲遲無法做決定，感到脆弱就大哭一場，哭完後告訴自己是「換羽期」來了，代表堅固的新羽毛即將長出，是成長的訊號，多練習幾次就不會被恐懼控制。

每個人的換羽時間不一樣，我花了四年，有人花了幾天或幾十年，每隻鳥都有屬於自己的速度。

晚一點飛也不錯，可以讓新羽毛長更堅固，飛更遠一點。

“抗拒脆弱，就是抗拒成長。”

11 喚醒決心的力量

人長越大算數越好，習慣計算風險、投資報酬率和成功機率。

曾有一位母親擔憂地問：「我小孩堅持要去澳洲打工度假當農夫，但我就是不懂為何要浪費一年的時間去農場採水果，又學不到什麼技能，對未來找工作又沒幫助。」

或許在國外當農夫不算正式的職場經歷，對日後在都市求職沒加分效果，搞不好還會被扣分，畢竟當過農夫的職場主管很少見，也會質疑打工度假能否學到東西。

但這位母親與職場主管可能沒有想到，當農夫要長距離移動到鄉下、長時間日曬雨淋、採水果可能被樹枝割傷、住簡陋宿舍、獨自料理三餐地賺汗水錢，如果連這種刻苦克難的工作都能撐下去，日後還有什麼樣的辛苦工作能難倒他？

認真說起來，真正會影響人生的，不是出國當農夫的體驗，而是「大膽跨出一步」的經驗，這才是最甜美的果實，嘗過一口永生難忘。

人生不只是一場馬拉松，賽道上有各種障礙與坑洞，最可怕的是沒指標的岔路口，害人停止腳步，不知該往哪走。

有過一次大膽經驗的人會想再來第二次，再次喚醒決心的力量，放膽跨越。這種「無形技能」對工作是真有助益。

管他農夫路、公職路、創業路、夢想路，腳踏實地走路才是該走的路。總之，大膽跨出第一步，決心的力量會影響一生。

若失去了決心，可能會造成心靈的營養不良。什麼是心靈的營養不良呢？莫名的疲勞、焦躁或情緒低落，可能是食物長期營養失衡與攝取不足，營養不良所導致；也有可能是心情的迷惘、失落所造成。

以前的我不懂得怎麼跟群體相處，在學校被視為不良少年，剛出社會工作和同事相處不融洽，被主管嫌棄，經常苦惱為何做什麼都不順。想冒險又不敢，從大學就想出去走走卻怕這怕那，沒有勇氣，彷彿自己是全世界最慘的人，下班後身體沉重，失去生活動力。

直到某天到了谷底，試著把害怕的事物全部盤點，往最壞的打算想，反正再慘也不會比現在慘。

現在，可能你也會遇到這樣的狀況，或許遇到了以下幾個害怕，其實細想，這些都會有答案：

一、害怕父母不允許

想要獨行就好好說清楚，或許可以參考我前面提到的冒險計畫書；真的不行那從跟朋友共行增加安全感也可以。若是用隱瞞的方式，以前的我會鼓勵，但我現在身為父親，這個答案很兩難，無論如何請好好照顧自己，冒險最需要的就是責任心。

二、害怕外語能力不好

如果遇到無法溝通的時候怎麼辦？那就比手畫腳或手機翻譯。想想我曾經為了「語言」這個障礙，從大學一路考慮到出社會才敢前行，錯過了多少好時光。

三、害怕旅費不夠

申請打工度假簽證，玩到哪工作到哪可以吧？倘若真花光錢，當成人生一個理財機會與教訓，硬著頭皮和父母借錢，把這個當最好的經驗。若真的不行就直接買機票飛回家吧，至少你往前飛過了。

四、害怕回國後找不到工作養活自己

我開始「百工計畫」後，我發現，其實只要你願意，就一定會有工作，只是是不是自己想要的。如果你真的有明確想法，請跟家人說明，讓他們支援一陣子，等找到工作、領到薪資立刻還錢。

當年我逃離工作，帶著僅有的存款出國。逃跑一年後，情緒終於被接住，九成壞事沒發生，新的體驗成為養分，重返職場後變得不怕衝撞，下班後勇於做不一樣的事，寫文章、上課程、辦攝影展。

我發現最健康的營養品是冒險，保有冒險的好奇心是天然維他命，提升靈魂抵抗力。若忘記服用，會導致靈魂營養不良，身體不適。

為了補充生活中莫名的消耗、壓抑與適應不良，感到情緒低落時，我會按下停止鍵，逃出去冒險。

冒險，其實是在體驗「大膽跨出一步」所磨鍊出的決心力量，所以下次，如果你的父母因為你的決定而感到害怕，或許可以換個方式說，我不是出去冒險，我是想出去磨鍊決心，成為終生的強大武器。

“出社會後，比「掘薪」更重要的是跨出第一步的「決心」。”

Chapter 2

不是每位冒險者，都特別勇敢

12 別把對生活的無力，誤以為安逸

當一個人喪失學習的動力、生活的熱情，沒有什麼比出門冒險更能帶來刺激。然而最可怕的是，大家會冠上「安逸」這個詞催眠自己，說喪失動力，其實是因為生活平順，這才是人生真諦。但冒險，才是推動「優質安逸」的最佳良方。不去冒險，怎麼能檢視在這安逸程式中，有什麼需要更新？

一個不會游泳的人，搭船時突然遇上船難，看著其他人游泳自救，當下肯定非常後悔小時候沒有認真上游泳課；一個想要跨離舒適圈，從鬧區搬到山上居住的上班族，才發現原來學習開車多重要，學不會將錯過多少好風景、通勤會有

多不容易。

即將出門冒險的人，無論年紀，只要是第一次，絕對會認真解決問題——語言不通如何溝通、如何省錢、如何避免錢被偷、如何規劃行程、遇到壞人怎麼辦、如何克服恐懼？

在冒險面前，人人都是學習者，每個人都可以有著如同初次墜入愛河時的熱情。

澳洲一位女生叫羅蘋・戴維森（Robyn Davidson），她渴望去沙漠區冒險，但對沙漠、駱駝、野外求生完全沒概念，只知道自己很想去，於是特地搬去鄰近沙漠區的愛麗斯泉生活兩年，學習控制駱駝、在沙漠中過夜以及如何活下去。

她搬到愛麗斯泉時，只帶著一個行李箱、都市衣服、六塊澳幣，加上愛犬一隻。一個來自都市的女生，從來沒騎過駱駝，也沒有在沙漠生活的經驗，所有人都不相信她可以完成旅程，只有她相信自己可以。

她花了兩年學騎駱駝，四處問人如何在沙漠裡存活，所有人都勸她打消念頭，她還是帶著一隻狗、四頭駱駝和一批裝備（其中最重的是好幾桶水），進入沙漠，走了兩萬七千公里，共花了六個月，途中遇見各種困境以及一輩子住在荒漠裡的原住民旅伴，最後完成穿越沙漠之旅。

她把這段故事寫成《2,500公里的足跡——一個女子、四隻駱駝橫越澳洲沙漠》一書，鼓舞了許多人，完成壯舉後說：「我有兩個重要的體悟：你願意讓自己多堅強，你就能變得多堅強。還有，無論是什麼任務，最困難的部分，都是跨出第一步。」

若下次再有人問你：「為何執意冒險？」

請用好學生的眼神看著他並回答：「因為冒險可以培養學習態度，學習與陌生人溝通、生活技能、解決困難、照顧自己，最重要的是可以學會克服人生中最困難的部份，就是跨出第一步。」

秉持著冒險，其實才是優質安逸生活最好的養分；請不要把對生活的無力誤以為是安逸。

如果有人問你：「為什麼你放著好好的日子不過，要一直跑出去？」請告訴他，正因為珍惜每一個日常，才更要隨時有著冒險的心。

“生活無力是假裝成「安逸」的慢性毒藥，會害人失去熱情、停止學習。”

13 冒險的原力，來自誠實

任何想要抵達「冒險站」的人，必經一段「對自己誠實」的試煉之路。

因為冒險路不好走，會遭遇各種現實原因：家人的不支持、經濟上的不允許、對跳開舒適圈感到不安、對未來的不明確、對自己能力的不信任。

有人選擇隱藏了念頭，丟在某個深處角落不理會，因為一在意就會掛心，心情躁動。但也有人誠實接受了渴望，不再找理由閃躲，不再找藉口說服自己，承認自己有出門冒險的需要。

誠實的人面對阻礙會轉念，遇到家人的不支持會尊重家人的想法，但信念不動搖，因為他更尊重自己；若經濟上不允許，就減少生活支出、創造多元收入，甚至有人去到國外還能定期匯錢回家；語言能力不好，世界上最萬用的國際語言就是肢體語言——解放肢體，就能解放全世界的語言。

我當年之所以出門冒險，並非追求快樂，而是清楚意識到生活的不快樂，不能再繼續下去。承認自己有出門的必要，無論接下來人生要做什麼都是次要。

當我試著衝破不快樂的牢籠，試著和自我誠實對話後，終於有了做決定的力量，先是告別工作，再來是告知家人與朋友，最後是訂機票。乍看失去工作和前途，但得到和自己好好對話的時間，這輩子第一次留這麼多時間給自己。讓我發現到，有些從小到大別人都說好、說我需要的東西，不盡然是我真正渴望的。

於是多年以後我體悟到，最大收穫不是出門那一年的經驗，而是出門前那一秒的誠實決定。

因為我下定決心不要去用世間的成功標準、安逸程度、穩定性來衡量好壞；因為我放下那個「我不夠好……所以不……」的恐懼，去追尋從大學時期就渴望的一個決定；因為我給自己「試試看」的機會，試試看，人生是不是其實可以不用「不快樂」？當個成熟的大人不代表就是要背負著不快樂跟他人的價值觀走下去，而是要去傾聽自己心裡的聲音，去相信「快樂」是每個人都可以擁有的一張門票，而且沒有到期日。

如果你自認是一位普通人，還在念書、不敢放下現在不喜歡的工作、經濟不寬裕、語言能力不好、從來沒有獨自旅行能力，但還是想出門冒險，你需要準備什麼？先備妥「對自己誠實」的力量。

有了誠心，就有實力。

”

對自己誠實，老後才不會被遺憾打敗。

“

14 每個人體內都有一組感知天線

我家小孩剛學會走路的那一刻，興奮地像中樂透，用小步伐奔跑去探索世界。接著是一再地跌倒，即使哭也不會放棄或批判世界，依然好奇探索。

他的體內一定有強力感知天線，可隨時接收並放大外界訊號，因此感官感受特別強烈，充滿探索熱情。

他曾經為了路邊死掉的小動物停留在原地哭泣，還有次去阿嬤家聽到歌聲，立刻跳到客廳桌上載歌載舞。可是，隨著年齡增長加上社會化，感知設備會變老舊，漸漸收不到訊號。

以大人的說法，這是一種「社會化」，這麼小的小孩怎麼會社會化呢？在資訊爆炸的現代，當小孩開始進入學校有了社交，學習了許多新東西，一層層疊上去後，一開始覺得新奇的東西，也不再有趣。這不只是已經進入社會的我們會如此，仔細觀察，孩子也是。

才十歲的他，已不再因為學會走路而興奮，不再為死掉的小動物而哭泣，聽到歌聲也不會跳到桌上。太陽照在他身上，可以看見大大的人影。

那些再也不會因為微小事物感到新鮮有趣的雀躍，像是失靈的感知天線，漸漸關閉起來收不到外界的訊號。

收不到訊號會發生什麼事？

我們不是每個人都這樣嗎？對生活習以為常，不再去大驚小怪，這有什麼不好？每個人不都這樣嗎？

曾看過一部中學生的訪問影片，受訪學生說以前讀小學，腦袋常浮現有趣的畫面，想要嘗試各種事情，但上了中學一切都變了，每天被考試填滿，卻不知為何考試，對明天沒有期待感，沒有笑容，腦袋經常一片空白，開始懷疑人生。

有沒有覺得很熟悉，中學生提到的那種感受，是不是到了現在，還是有些人覺得這感受如影隨形。

對生命的好奇怎麼會只有短短不到十幾年，但對生活的麻木感，卻牢牢糾纏著你好幾十年？其實不是你失去了什麼，是你的天線失靈了，接觸不良了……是可以微調好的。

不是你失去了什麼，是你忘了你可以這樣。就像忘了繳網路費、手機費那樣，網路費忘了繳、被斷線你會趕緊去繳費，免得跟世界失去連結。感知天線呢？為什麼要放任感知天線失靈呢？是否失去的，反而會比斷了訊的網路跟手機還多？天線收不到訊號便會與世界斷訊，失去存在感，不期待明天。長時間忙碌追尋人生目標，也會害人感知天線耗損。

不管是追求校內成績，希望可以申請到符合社會期待、畢業後會有好薪水的科系或學校；或是出社會後，進入職場要有競爭力、以及面對成家立業的期望等等。我們就這樣一直追著一直跑著，甚至忘記問自己：「這是自己想要的嗎？」像是失靈的天線卻掛在那繼續遭受風吹雨打。以為穩定就是萬靈藥，卻不知道真正的穩定何時才來到。

剛出社會工作前幾年，為了快點讓日子穩定下來，不想輸給別人，所以會特別急，想快點業績達標被主管看好。但事與願違，尤其看見同期同事比自己更成功，瞬間感知天線失效，腦袋經常一片空白，懷疑人生。

有一天吃完午餐去公園休息，看見一個路人坐在長椅上悠閒曬太陽，一臉喜悅，當下竟然羨慕起對方——我早已忘了這種單純的美好。

這時我才發現，一直以來告訴自己的「穩定、安逸會帶來喜歡的生活」這件事，似乎與我真正的想法背道而馳。對於這世界的愛與熱情的感知天線，早已不知故障到哪去，我只是一台空洞的機器。

所以感知天線要定時維修與更新程式碼，和手機 app 一樣，版本太舊會閃退，甚至會強制更新。為什麼我們當發現自己沉浸在無感與無聊中時，不去試著更新自己呢？

任何人在做一件無聊與無感的事情，當然想立刻閃人或退離現場。只是我們習得的社會價值告訴我們，忍耐這些是應該的，因為我們在成長。但真的只能這樣嗎？無聊不等於不喜歡日常，當你的感知天線良好時，任何小事都會讓你感到喜悅、有新發現，而不是漠然、不是感到枯萎。

感知天線修好，程式碼更新最新版，會回到自己剛學會走路的那一刻，渴望探索世界，充滿無限的好奇心，即便一再跌倒也不怕。

中樂透的人，會相信自己是全世界最幸運的人，跌在地上都會笑。世上最幸福的樂透，不是一口氣收到一筆錢，瞬間揮霍完畢感到空虛；而是時時刻刻都撿拾到那個讓你快樂的小幸運，好奇心，才是真正富足用不盡的大樂透百寶袋。

說了這麼多，究竟如何維修與更新程式碼？別急，我知道你渴望中樂透，下一篇再告訴你。

“感知天線最特別之處，是它需要主人手動更新，沒有自動更新模式。”

15 世界是一間大型維修中心，可以修好各種人生故障

讓我們試著這樣想：如果我們是機器人，「不知道自己在幹嘛」是不是算一種故障呢？我想無論是機器人還是各種3C產品，都不太會有明明正在運作（工作、念書或進行任何挑戰），卻不知道自己在幹嘛的時候。

我曾經出現多次人生故障——不知為何要讀書，所以能混一堂課是一堂；不知為何要努力工作，只能努力把時間混過去；對一事無成的自己感到討厭，卻連離開的勇氣都沒有，唯有專注打混才不會討厭自己。

我嘗試去圖書館借書，然後把自己關在家閱讀，想著成績提升了，工作順利

了，那個「不知道」自然會消退過去。但是，試了幾次解決不了煩惱，反而那個「不知道」的故障感膨脹得越來越大。後來想，不然就擱置好了，反正就時不我與，說到快樂就覺得「我沒這個命」，漸漸變成時不時抱怨與批評世界不公平，自認是受害者，煩躁到連憤怒都覺得可惜。

我就像是買到一台出現故障的電腦（但已經使用十多年），無法自行排除故障，軟體無法更新、拍打半天就是不聽話，於是打客服電話抱怨品質，聲稱是非人為因素故障要廠商負責，廠商請我過去檢測，我卻堅持待在家不出門去維修中心，抗議明明是你的問題為何要我去找你？

但問題，若不去主動直視，要怎麼解決呢？

水果放著會爛掉，不會恢復成健康的水果；壞掉的機器放著不動也只會積累灰塵。爛掉的水果與滿是灰塵的廢鐵，我不要只有二選一。

其實只要跑一趟維修中心，就可以立刻找出問題並處理，運氣好還可以免費維修，我卻遲遲不肯。

對我來說，這個維修中心，它的通關密語就是「探索」，直達的地方就是「世界」。旅行不見得可以改變什麼，但至少，動起來，才能出現轉機。於是二十九歲那年，我下定決心出門維修自己，花一年時間進行一場大修。走出去，才發現，原來自己不是壞掉的那個機器，不是少之又少的故障品。原來，世上很多人都需要「定期維修」，不是只有我買到壞機器。

在路上不會寂寞，因為故障不分國界，是人都會故障，只是嚴重程度的差異。與不同世界的人相處聊天、看小風景，小故障會修好；看不同文化的價值觀與大景觀，大故障會修好。

去路上，不一定要多遠的機票、搭上巴士火車，光是放下你的手機，就可以來趟與你困住的小世界隔絕的探索之旅。

前幾年去屏東旅行，住背包客棧遇見年輕的徒步環島者。不必對話，我就能感受到一股強大的信念，彷彿看見一幅壯麗的景觀，讓我開始思考要不要也來嘗試。這位年輕人正在默默修理我，他提醒了我，即使成為一位父親、做著自己喜歡的工作，還是偶爾會有一些小故障需要去整理、去調整，生命的探索只有調整，沒有止息。

他就是我的尤達大師，用自身能量提醒我，時間到了、必須要進行更新，試著排除那些平常視而不見的故障，別等到某天越積越多、人生大當機。

世界是一間大型維修中心，可以修好各種人生故障，把壞掉已久的感知天線更新，大修後會變成真正的大人。但故障不是去個一兩趟旅行就不會再發生，我們隨時隨地都要記得保持維修更新。

生活的樂透其實很簡單，就是勇敢地走出去。

曾經聽過一個故事，有個人每天都去拜財神廟，跟財神爺說他希望能發財，拜了好久好久都沒有發財，他很生氣想說神明怎麼這樣對待他，有天神明受不了了跟他說：「你連去買張彩券都沒有，我要怎麼讓你發財？」

想改變，就要起而行。最大的人生故障，不是壞掉、失敗或一事無成，而是忘記出門，縱容自己和那個「不知道自己在幹嘛」的情緒共存，放到生鏽當機。

出門不是為了看世界，是為了看自己哪裡故障，才能動「腳」維修。

16 植入一個新念頭，比移除一個壞念頭來得更有效率

有些人說，失戀忘記舊愛最快的方法，就是談一場新的戀情。我不太確定這有沒有用，不過想要停止一個壞習慣與壞念頭，最有效的辦法就是立刻啟動一個新習慣或新念頭，重點在「啟動」而非苦惱如何「停止」。

因為當你想著這個「壞念頭」時，即使說著「我不要」都是一種提醒。就像戒菸，如果時時刻刻想著「我不要抽菸」，接下來就會掉入想要又不能要，明知不好卻又想的困境。

就像我不喜歡讓我的孩子看電視，我不會站在電視機前面跟他說「你不准看電

視」、「電視不好」，我喜歡找其他事情讓他遠離電視——約他一起去爬山、用紙箱做機器人、用封箱膠帶做軌道，想出各種屬於我們的遊戲，讓他不要去意識到電視機。

所以，要戒掉滑手機的慣性，不是去想「我要戒掉手機」，應該是立刻去書店，融入閱讀的場域，跟著一群人一起閱讀，然後買一本書，開始規劃每月閱讀計畫，建立新習慣，久而久之滑手機的時間自然減少。根本不會想到手機。

要停止體重上升，就立刻去運動公園操場，先融入運動的場域，跟著一群人一起運動，然後回家買一雙跑鞋或運動衣，開始規劃每月運動計畫，建立新習慣，數個月之後，精神、體態、體重都有所改善。不要每天問自己為何體重就是要和我們為敵。

去嘗試開創新的可能，找出會讓你根本沒想到「壞習慣」的方法，當你連「不要」都沒想起，這才是最好的。

所以，如果你是想要戒除你所謂的「負面情緒」——

想要停止恐懼，就立刻參加戶外活動，攀岩、跳傘、衝浪、潛水或跳水，先融入冒險的場域，一個個來，覺得害怕不要緊，我們換下一個，總有你喜歡的；或跟著一群人共同冒險，然後買下一場的體驗課程，一堂堂循序漸進，不要一股腦買了二十堂無法達成又造成新的憂鬱。

嘗試各種可能，開始規劃冒險計畫，建立新念頭，一次又一次的連續挑戰，恐懼會變成好朋友。甚至發現那可能只是一個叮嚀你要找各種樂趣的小提醒。

想要停止猶豫，就立刻大膽一次，跳上公車漫無目地四處閒晃，不做規劃來個島內旅行，或是先申請好打工度假簽證、申請好想讀的國外學校、蒐集好想去的地方的資料、訂好車票或機票，來場海外之旅。

我做過最刺激的冒險，就是人還在職場，卻已訂好半年後的單程機票。這個決定，至今仍舊與我如影隨形。我的冒險，從一個人突發奇想地做功課訂機票，變成了帶著孩子跟家人，定期一同出去探索之旅。

如果生活突然冒了很多壞念頭怎麼辦？不要忙著踢走壞念頭，而是去迎接一些新可能。就像是進入冒險者場域，邀請自己冒險一次。

如果你說：「我很想啊，但是很多人都說這樣不好不認同，要戒掉壞的，才有機會有好的。」那麼，換個方式，去述說你想要的決定。

就像剛結婚時，我突然發現，旅人之心未曾消失，我還是需要各式各樣的探索，想幫感知天線汰舊更新時，我是這樣說的：「我愛你們，但我不小心做了一個衝動的決定，我知道這決定可能傷害到你，所以要先和你道歉。如果可以，希望我們能合力冒險一次，回國後我會當聽話的人。」

於是我們多了一個新習慣，全家定期去探索之旅，看，這樣有多好，立刻在對方腦袋啟動一個新念頭，可以停止一個壞念頭。

彼此都跳脫「只能這樣」的思維，去往更多好地方。

”我們不是生來就懼怕失敗，而是透過學習而來。“

17 整理行李，就是整理心裡

當你決定出遠門，哪一種「整理」最重要？

房間、學業、工作、和家人的關係、一段感情、生活用品、行李箱……

我會選行李，若沒有好好整理行李，在路上會添增不必要的麻煩，我無法想像抵達機場時，護照還躺在房間書桌上。整理行李是一場生存技能檢定測驗，學、術科同時考，考驗你的行李是否能夠長時間在外生存，考官就是未來的日子。

若要去爬聖母峰，考題難度不同於京都五日遊。

另一方面把行李箱準備好並打開，依不同需求做物品分類，認真思考哪些是重要與不重要，接著放入或移除、檢查與盤點，最後歸納好。

整理行李的過程，是一場沉浸式治療。

把心打開，不同事件分類歸納並且認真檢視過去，展開一連串的自我對話，選擇記住或忘記、逃避或面對，最後收拾好。

整理行李，就是整理心裡。

每當我拉著行李出遠門，一股莫名的信心拉住我，與我並肩前進，提醒我暫時放下煩惱，專注前進，未來的日子放心託付給它就好。

換個角度看，行李是另一個自己，只要願意冒險，世界上沒有一個地方去不了，反之，不冒險，哪裡都到不了。

行李箱拉桿是連接寶劍的劍柄、背包是盔甲，可以對抗陌生怪物，托運貼紙則是勇者徽章。最重要的是行李不能超重，煩惱超重的人，必須重新整理自己，否則無法登機。

知道了這麼多「整理」的益處，是否該出門一下、預約新療程了？

”你去了哪些地方冒險，行李箱都知道。“

18 都市生活會限制想像力

前面提過的澳洲女生羅蘋．戴維森，共花了六個月，走了兩千五百公里穿越澳洲中部沙漠。

她書中寫到，聽過她冒險故事的都市女孩，最常問兩個問題：

一、衛生紙用完了怎麼辦？

二、衛生棉用完了怎麼辦？

我也曾經被都市人問：

一、長途旅行要帶幾件內褲？遇到無法洗的時候怎麼辦？

二、行李被偷、護照被偷、沒錢怎麼辦？

最經典的問題是「住的地方沒有便利商店，晚上肚子餓怎麼辦」？聽起來有點荒謬，卻非常實際。

我家孩子十一個月大的時候，我準備帶他去清邁旅行一個月，隨之而來三個擔憂：尿布該帶幾件？小孩生病怎辦？那邊有賣小孩的副食品嗎？回想起來有點傻，彷彿全世界只有台灣有賣尿布、有醫院和有賣副食品。

去清邁生活後，更加確定我是從都市跑出來的傻子。

可見都市生活會限制想像力，容易讓人提心吊膽，害怕內褲無法洗、衛生紙用完、沒有便利商店怎麼辦。

所以我喜歡切換生活模式，挑戰都市限制，練習大膽與解放想像力。

我曾經切換為「旅行者」模式，遠離都市框架，去不同國家看世界，獲得大量想像力。最近想來點不一樣的。隨著孩子上小學，說走就走的時間變少了，「創作者」少了刺激跟熱情，如何繼續書寫下去？「冒險者」發現無力感又要假扮成「安逸」來欺敵，我要怎麼用我的「藍白拖」，去對戰這個大魔王？

沒問題，我找到了另一個新方法——切換到「工作者」模式，接近都市框架核心，去做不同工作。如果一份工作是一個世界，當我做了一百份工作，就等於看了一百個國家，是另類的出國打工度假。

和許多年輕人一起從事勞力工作，搬貨物、清雜物、端菜盤與洗碗、活動進場支援，我才發現體力遠不如年輕人，年齡因素在求職時更困難，這一切比搭飛機環遊世界更有挑戰。目前已做了三十份，希望能在五十歲之前完成一百份。

逃離都市看似是唯一掙脫都市的方法，若真無法遠離，那就靠近核心，嘗試新的可能。你可以多一點新體驗，學習未曾接觸過的事物，或者去探索城市裡從未走過的巷弄或景點，不然就是來點生活企劃。

我曾企劃台式早餐之旅、老台北咖啡廳、基隆河源頭探索、手機收不到訊號的台北地點、台北十大奇景調查。

你知道台北有一個國小，校園裡頭有小火車可以搭嗎？台北最扁的房屋在哪嗎？還有台北最貴的蚊子豪宅在哪？

當我向生活提案，企畫的更有趣，逐漸沒有忍受都市怪獸的壓力。

“都市生活會困住人，沒錯，但只會困住失去想像力的人。”

19 不是每位冒險者都特別勇敢

人從出生後都在學習接受世界的定義，求學、生活、人際、工作、愛情或夢想，甚至性別，一律均有基本定義。

要好學校畢業才能找到好工作；要有好工作才能有好婚姻；有好婚姻生活才能幸福。一不小心跳出定義圈圈，立刻有人手指向你，質疑為何要違反規則，為何要當異類。沒有足夠的勇氣，無法反駁或提出不一樣的想法，只能被迫接受舊規則。

我曾經困在「傳統成功者定義」的牢籠裡，拚命讀書考好學校，工作只找大企業，忽略內心真正的渴望——想花一段時間看世界。只要朋友一句「離職旅行回來找不到工作怎麼辦」，就能讓我立刻退縮，縮回工作裡。

現在才知道，當時需要的是支持我想法的朋友。所以世界需要更多冒險者，讓世界變得更有趣，鼓舞更多人。

若只能用一句話形容冒險者，就是「提出新定義的人」。

而我心中的第一位良師是澤木耕太郎，是他，在我二十九歲時，改變了我的人生。他讓我發現，其實人人都可以拿到冒險門票，他給了我對生活的新定義。

那時，我經常怨天尤人不快樂、相信無力就是安逸的副作用，把這當故障是我有問題，在喘不過氣的日子裡，好險我未曾放棄閱讀，有天不小心讀了澤木耕太郎的《深夜特急》系列。

他在二十六歲放下工作去旅行，身上僅有一千九百美元，從德里到倫敦一整路搭巴士，一趟兩萬公里的巴士之旅，一座城市接著一座城市接連探險，在旅行路上和自己對話。

當時，我後悔讀了這本書，覺得閱讀不但沒有平復我那顆時時刻刻抱怨的心，還害人無法專心工作，尤其當主管看我業績不好找我談話，前往會議室的路上（世界上最遙遠的路），腦袋想的卻是未來的旅程，只想逃避開會。

不久後，我決定仿效他放下工作的精神，開啟不同路線的旅程。

澤木耕太郎寫下自己的定義，提供我更多「選路」的機會，給我更多人生選項。也因為這樣，我加入了他當冒險者說服者的行列，鼓勵著一個個想要探索自己的人，或是對生活感到迷惘不知道自己在做什麼的人，去旅行。

我曾經以為冒險就是效法澤木耕太郎，獨自旅行看世界，以為所謂的冒險，就是隨時可以灑脫放下一切去旅行。後來才了解這並非唯一方法。冒險的方式有很多種，旅行是快路，工作與現實生活是慢路，兩條路的終點是同一站。

澤木耕太郎只是開了一扇窗，告訴我冒險是「人人皆可行」，但怎麼定義冒險，最終還是看待自己的心。

人不能總是活在過去的定義裡，以往我總覺得冒險的答案只有一個，直到當我開始了「成為父親」這個冒險後，才發現，每位冒險者都有自己的方式，他們也不盡然都特別勇敢。

你們覺得冒險者有什麼樣的特質？

老實說，不是每位冒險者都特別勇敢無懼，有些只是普通人，害怕和陌生人打交道、怕旅費不夠餓死在半路上、怕無法完成冒險之旅，甚至怕回家找不到工作。至於這些普通人，到底擁有什麼樣的信念，能放膽跨出門？我認為是順著自己的直覺，把心中空缺很久的空格填滿。

就像我在圖書館借了澤木耕太郎的書，其實是我的心幫我引的一條路，是那個想要修復自己的直覺，幫我開啟的窗。就像小時候看見著色本，直覺反應是找色筆，不顧一切要把空格填滿，不喜歡被打擾而中斷，專心上色把圖案變成一幅彩色畫，最後看著填滿的著色本，一臉幸福開心。只是一個單純想要填滿空格的念頭。

在普通人冒險者眼中，想要做某件事、去某個地方，這些全是著色本，本子裡面已經有黑色線條構成的圖案，接下來就是找方法把空白填滿，排除萬難執行計畫，把生活填上色彩。對這些人而言，心中有空格非常難受，所以「填滿」是必要行動，無法忽視。

我心中曾經有一個空缺好久的格子，難受好久，花了好多時間才把重要的空格填滿。《深夜特急》成為我的蠟筆盒，讓我開始去幫我的空格著色，讓我明白，不快樂從來不是應該的，快樂才是。

如果你看見空格會難受，有不得不填滿的症狀，恭喜你已擁有冒險者特質。接下來可以把腳當色筆，是時候順著直覺，把拖延已久的色彩補上。

而且，你可以定義自己認定的冒險，可以出國探索，或者可以試試我這幾年的新想法——在工作與生活裡保有探索的好奇心，有機會就出國，沒機會就在家附近旅行。

快路慢路交替走，認真走路，就是一場偉大的冒險。

與其花時間找勇氣，不如先找回直覺。接下來，換你提出新定義。

”

生活之所以害人變得不勇敢，因為我們已習慣壓抑直覺。

“

20 家有多重要，離開過的人才知道

「你必須把自己沉浸在一個陌生的世界，這樣才能了解你所熟悉的。」一位人類學家說。反過來說，當沉浸在一個熟悉世界，會了解你所陌生的事物。

一份工作做好幾年，直到有天突然失去方向，對一切都感到陌生，不知道工作的意義在哪裡；一座城市待了數十年，知道哪條巷子通往哪裡，熟悉每條街道的輪廓，但對這座城市感到陌生，不知身在何處；一個家住了一輩子，和自己相處時間最久的父母，熟悉他們的想法，知道無法好好溝通，為了不起衝突，所以什麼都不說，因而變得更疏離。

這三種陌生體驗都是我的故事。

因為厭倦一切的熟悉，所以渴望離開，想去全然陌生的地方，離得越遠越好。然而，長時間沉浸在異國陌生世界，反而讓人想起家鄉生活的樣貌、食物的味道、工作的模樣、家人是否安好，懷念起原本討厭的地方。一段時間之後，我又把自己丟回熟悉的城市，發現這個討厭的地方，可愛討喜又迷人，想要在這裡認真生活，過去的陌生感再也沒有找上門。

外面的世界很精彩，原來的世界也不賴。以前帶著討厭的心，躲藏在一座城市裡；現在帶著喜歡的心，生活在一座城市裡。

我變得比以前更有好奇心，更有生命力。

感到陌生的時候，我會出門晃晃，順便把陌生感甩走。

離開是為了回來，最精彩的時候，是回故鄉的那刻。

如果討厭家鄉就離家出走，唯有「出門遇鄉愁，才能不鄉仇」。

Chapter 3

人生要像看電影，不知道劇情才好看

21 冷漠，會扼殺各種可能

我有一個很普通的故事，卻深深影響我。

一晚我在家裡附近的夜市閒逛，在一個麵攤前看見一位金髮外國人，拿著單眼相機對陳列的內臟猛按快門，一臉不可思議，像是發現金銀島。我心想何必大驚小怪，不就是台灣人平常吃的小菜？暗自嘲笑這個外國人，然後轉身離去。

回家路上，直覺告訴我有不對勁的地方，為什麼同樣一個內臟風景，別人看到寶藏，我卻是冷漠？除了文化的差異，導致「看見」的感受有所不同的關鍵為何？

經過數日的反省，我找到一個可能性。外國人用「認真之眼」探索夜市，用相機記錄一切，說不定這是他第一次來台灣，也可能是最後一次，畢竟世界上有太多地方值得探索。我之所以冷漠，是因為缺少「好奇心」。

如果我有「好奇之眼」，也能像外國人一樣認真探索，用手機記錄一切，還能比他投入更多時間做研究，比較不同麵攤的內臟新鮮度或種類，如果我願意，甚至能寫一本關於內臟料理的主題書。事實上，還真有人這樣做了！有一本很精彩的書《台灣豬，黑白切》，如果作者傅士玲沒有對食物的好奇心，她怎麼能創造出這樣精彩的作品呢？

我的優勢在於可以在台灣久待，有大量時間做深度研究；但麵攤旁的外國人卻做不到，因為他無法久留。可是打從一開始，我壓根沒有用過「好奇之眼」去看內臟或任何東西，即使看到也無感。對我而言，出門逛夜市是打發時間，但對外國人是一場探險，同樣都是出門，初始設定截然不同。

為了能和外國人一樣好奇探索台灣，我告訴自己，不如想像自己是第一次來台灣玩的外國觀光客，思考有哪些東西會吸引我，我又會對什麼感興趣。比如當他們看見 101，心中想到哪些高聳建築？品嘗台灣小吃時，會想到哪些食物？

我彷彿把使用三十多年的舊眼睛換掉，換了一雙全新的眼睛，看什麼都覺得新鮮好奇。可以出國探險很好，不能出國也沒差，有了好奇心，看什麼都是奇景。

“世界上沒有無趣畫面，只有無趣的眼睛。”

22 看人生要像看電影，不知道劇情才好看

倘若上帝計畫動手幫人類做一個路牌，指引人類前進的方向，路牌上可能只有「知『道』」和「不知『道』」兩條道路供人選擇。接著，多數人會選擇「知道」因為擁有知識的人類，往往選擇最安全並且明確的路，努力讀書與工作，努力當一個聽話的人。少數走上「不知道」的人，特別好奇、喜歡提問、喜歡不明確的路，是異類，不想被多數人同化，不輕易服從，心中住著一頭野狼。

兩條道路並無好壞之分，這個選擇是一面鏡子，照出自己本來的樣子。

一位選擇「不知道」的英國人葛拉漢・休斯 (Graham Hughes)，年輕時充滿好

奇心，心想不搭飛機環遊世界，總共要花多長時間、多少錢？身旁沒有任何一位老師或朋友能回答，所有人都不知道答案，書本也找不到參考案例，沒有人在乎這個問題。為了找答案，他在二十九歲決定出門用腳解題，從烏拉圭當起點，一路靠搭便車、公車、計程車、火車、船，還有雙腳，繞了世界一圈，認真走遍每一個國家，最後在南蘇丹結束。

在破爛小船上度過四天，順利抵達非洲維德角島，及乘坐十八輪卡車穿越非洲肯亞的荒地；曾被誤認為是間諜，在剛果坐了一星期牢，或是偷偷入境俄羅斯而被捕；在巴布亞紐幾內亞與高地人共舞、在婆羅洲與猩猩交朋友。

一個單純的好奇，讓他意外獲得金氏世界紀錄認證，成為不搭飛機遊歷全球的第一人。這道題目一共花了一千四百二十六天，二十六萬公里，花費近六十五萬新台幣，走遍兩百零一個國家。

「這個世界很大但不可怕，到處都是想要幫助你的人，即使你是個陌生人。」葛拉漢說。

六十五萬元在都市人眼中可以買一台車，但葛拉漢拿來看兩百零一個國家。

我也一直走在「不知『道』」，不知道世界有多大，能否獨自旅行活著回家；不知道結婚生子後的人生長怎樣；不知道哪天能徒步環島……每當遇見不知道該不該走自己的路的人，我都說「不知道最好」，人生要像看電影，不知道劇情才好，若被劇透就不好看了。

”能創造新道路的人，往往都喜歡走在不知「道」。“

23 冒險過的人，會改變對生活痛處的看法

無論你選擇冒險與否，日子都會遇見痛處，但冒險的好處，是痛處被觸及之後會坦然向前看。

這幾年和許多冒險者聊天，言談之中能感受改變的力量，縱然回歸原本的生活有很多不適應，但願意面對一切，不同於過去只會閃躲。

以前對台灣職場無法適應，一心想著出國打工度假賺高薪，事後才發現雖然國外薪資高，但一樣會辛苦、會遇到不對的人，不會因為換個國家，人生就變完美。對工作的態度因此有了改變，放下某種「職」念。

以前在台灣的生活覺得什麼都比國外差，國外風景比較美，直到出國才知道台灣沒有想像中差，各有各的好，慢慢能尊重差異，放下某種執念。

以前在台灣只能不斷用物質填滿生活，讓自己看起來比較充實，才不會顯得空虛。但經歷了一趟冒險，對物質欲有不一樣的解讀，原來更需要精神層面的充實，放下某種「質」念。

各種生活中的「痛點」，剛開始出門會放大，然後變得更痛，直到出門數星期或數月後，有更多時間陪伴自己，可以覺察出更多感受與想法，慢慢學會如何與痛點和平相處，最後摸索出生活的支點。

想像，往往才是最大的「害怕」，想像出國壯遊很危險，所以被恐懼吞噬，少了體會不同人生的樂趣；想像騎腳踏車摔倒而很害怕，永遠無法體會乘著風的感觸。

以跑馬拉松為例，常常聽跑者說跑完腳趾變成紫色、跑到腳受傷、肌肉痠痛，結果傷好了又迫不及待地報名下一場賽事；登山的山友也有類似情況，他們說，登山就是個走到一半懷疑人生、攀登山頂感謝世界，下山後想著 not anymore，過一陣子又會想的事情。

因為試過，知道痛是什麼；因為試過，知道有時候那些因為探索帶來的小小不舒適，只是結成美好果實的過程。

就像有次運動完隔天雙腳痠痛，一摸就痛，我卻毫不在意，因為知道這些肌肉的疼痛，可以強化肌耐力並且過幾天就會好。真的很不舒適的話，拉拉筋、冰敷就好了。運動過程中汗水帶來給我的專注跟健康，比起痠痛來得超值更多。

當我把注意力放在下一次的運動計畫，而不是把自己困在「痛」的感受裡，就沒有痛苦的情緒。

我對痛處的好看法，決定了我的好心情。

把冒險想得更簡單就是出門運動，一開始會雙腳痠痛，但過幾天就會好，日後可以幫助入睡，隔天起床更有精神，讓人有活著的感覺，有「活」力去面對接下來的日子。

把想像放在會帶來多少樂趣，而非帶來多少麻煩和恐懼，這樣去想時，就能體會何為「痛並快樂著」的真諦。

「風平浪靜造不出好水手」——航海界流傳的一句話。

24 我不是為了勇氣而出門，是為了滿足腦袋的想像力

說到冒險，可能有人會定調「勇氣」才是那張門票，畢竟勇者才會去探險，好多的神話故事、動漫卡通都這樣跟我們說。

但，真的是先有勇氣才開始探險嗎？《魔戒》、《哈利波特》甚至《葬送的芙莉蓮》、《迷宮飯》，還有《擁有超常技能的異世界流浪美食家》裡面的探險者們，一開始都沒勇氣，其實這些故事的共同點，反而是想像力。

一位探險者，一定要對一個地方充滿大量想像加上適度樂觀，才會用盡全力一探究竟，親自走一趟；缺乏想像力與過度悲觀的人，大多選擇待在家裡。

目前地球上，大概只剩地表以下與深海還沒被人類探索完，地表以上肉眼能看見的，幾乎都有人走過，接著出版成書，故事被廣傳閱讀。

所以現代冒險者的想像力泉源，主要透過書籍或影音作品。

因為看了某本書或電影，進而產出想像力，化作一顆希望的種子，時機一到，自然發芽。畢竟，一位探險者，不會只在家看著電視或書就覺得過癮，這些，反而會用渴望灌溉，最後綻放成自己的故事。

我的想像力來自以下這些書：

高職讀了《讓高牆倒下吧》想像著印度的模樣，那裡的人真的如此貧窮？心想有一天一定要去德蕾莎修女成立的「垂死之家」看看，最後真的親自走一趟，相信書上寫的是真的。

大學讀了《阿拉斯加之死》想像著放逐自我的畫面，想著有一天，我也要四處流浪以世界為家，結果出門流浪後才知道沒有想像中的浪漫。

看了電影《革命前夕的摩托車日記》想像著能和主角一樣，用充滿熱血的心探索世界，進而改變世界，做點改變社會的大事。但實際出門探索世界後，才發現連自己都養不活。

我的想像力累積了二十多年，直到有天滿到裝不下，決定親自走一走，試一試自己的能耐。

會出門的人，不是因為有過人的才智或勇氣，而是有滿出來的想像力，腦袋需要出去清一清、淨一淨，重新開機一趟。

直到現在，我依然會定期旅行，清理腦袋滿足探險的渴望。不這麼做，不自在的感受就會折磨我。

當然，我時不時還是會利用這些書籍、影音作品，促使我去產生希望的種子，繼續長出一個個好奇的芽。好奇心，才是綻放花朵的核心。

> 如果你有無限的想像力，表示你有探險者的基因。

25 我的軟弱，被風景治癒

我的孩子伶牙俐齒，當大人跟他說「你不能……」時，他總能舉一反三，問倒了我們，連我反應很快的妻子都接不下去。我的口才不像他們兩個，一來一往不知道是雙口相聲還是在打乒乓球，不過，孩子的不理解，那些滿滿的「為什麼不能」我倒是很明白。

因為小時候我也相當叛逆，最討厭聽大人說道理，告訴我什麼能與不能做。出社會後依舊如此，可想而知換來更多痛苦折磨，一度懷疑自己為何無法乖乖服從，抗拒聽道理，逐漸邊緣化自己。

聽到職場主管對我說「應該要這樣做……」，表面聽話，內心極度抗拒。無法聽人說道理便成為生活阻力，甚至變成了逃走的助力。

結果在不同公司逃走好幾次，有次最誇張，上班第一天遇到愛說道理的前輩，公司又只有他一位同事，撐到下班後就傳簡訊和老闆說不做了。

起初並不在意逃走的行徑，可是幾次下來變成壓力，怕剛進新公司又和以前一樣軟弱。

逃避到最後，除了變膽小，也變得無用。因為我開始不喜歡這樣的自己，也開始明白，原來叛逆的孩子出了社會，不盡然會張牙舞爪，反而可能變得軟弱，無法成為野獸，還被這個都市叢林吞噬。人生別說是一場馬拉松了，我根本就連第一個補給站都還沒到，就決定轉身離去，但又被困在競賽場裡。

後來，我到了一間好公司當業務，遇到很好的主管與同事，但業績遲遲沒起色，一年半後還是逃走。而且這次，我逃得更遠，不只是躲開，而是展開為期一年的逃跑生活。在國外四處漂流，看了歷史課本出現過的景點——吳哥窟、兵馬俑、金字塔、死海、巴黎鐵塔、柏林圍牆，住了深山、海邊、沙漠、火車、巴士、陌生人家。

在別人眼中，我勇闖世界，但有一個人並不這麼想，就是我自己。

到底花一年時間逃走、看風景，對我的人生有何幫助？可以改善我的軟弱嗎？我時常丟問題折磨自己。

說實在話，多年後才體悟到，還真的能幫助改善軟弱。

世界各地風景有一個共同點，就是非常和善，沒有任何一個會走過來長篇大論，指導我什麼能做或不能做，它就是平和地出現在我面前，從不對我說道理，只是安靜地陪伴。

然而，正因為它什麼都不說，所以讓人感到安全，自動卸下抗拒的心，不乖的心開始甘願臣服。它可能是一座歷史古城或高山、一片天空或大海，無論什麼地方，不囉嗦就是了，風景從不對人說道理，但最能說服人心。

順服後，心被安撫。

療效等同走進一間教堂、寺廟或聖地，抬頭看見一座神像（風景），安靜地出現在面前，接著自然湧現敬意，主動向神像傾訴，於是心中有某個聲音，指引怎麼做才好。

當你越相信，就越靈驗。

直到現在，依然有許多宗教聖地位於大自然或深山之中，讓人洗滌心靈，在泰國還有森林派僧侶，只在森林裡修行，可見風景的重要性。

如果你也是叛逆、不服輸、不喜歡軟弱、不喜歡聽道理的人，我推薦一個不用信仰宗教，就可以改善心靈體質的方法：專心逃走，專注風景。

”

懂得欣賞風景的人，才懂得欣賞生活的風浪。

“

26 用一枚背包的重量找回人生的重心

「空洞」之所以可怕，因為它總是無預警來襲，拚死反抗也無效。

好不容易得到一份工作，努力了好幾年、薪資待遇也還可以，但為何就是甩不掉老是來找麻煩的空虛感、越用力反抗越無力？永遠有一個悶住的情緒。

空洞的原因有很多種，其中一種是肩膀空空，「少了什麼」的感覺。少的就是一枚背包。肩膀有了重量，「身」活重心會慢慢找回來。揹上一枚背包出走世界，不是為了要帥，是因為經歷過一段肩膀空空的日子，心中有很多的不知道——不知道努力的意義、不知道該往哪走、不知道自己在困擾什麼……

背包的重量，可以暫時壓住空無一物的靈魂，擋住很多「空洞感」，有如古代的石敢當，可以鎮壓不祥之氣。

一大群背包客同行，身後會散發聖光，因為大家都是朝聖者，朝往心之所向。

我很少看到有人因為背包太重而倒下，大多都是肩膀空空而被擊倒。

揹起背包看世界，不一定能在外面找到答案，但肩膀會變得更耐重，走路不會搖搖晃晃，漂浮的身體會變穩重，空洞感會逐漸消散，因為已經被世界填滿。

“揹起背包，會立刻成為有肩膀的人。”

27 跌倒七次後爬起來，可以成為勇士

曾經聽過一個小故事：「跌倒七次後爬起來，可以成為勇士。」

遇到第一次跌倒要開心慶祝，因為可以領到集點卡，傷口是點數，集滿七枚可以受勇士族徵召，獲得勇士徽章。

外面的世界太精彩，會踩到各種香蕉皮而跌倒。

考試沒考好、工作不順利、感情受挫、被人陷害或背後說壞話、想做一件事卻達不到，想去一個地方但無法去。

覺得自己做什麼都不順，慘跌一跤，還連續滾了幾圈的感覺，衰到爆。

我曾把這些跌倒視為不好，最好不要接近我，如果遇到的話人生就慘了，黑暗末日降臨。然而各種不好的遭遇，就像勇士集點卡，點數不足無法成為勇士。

成為勇士可以幹嘛？

讓未知敵人看見你身上的勇士徽章，告知對方你的信心與戰力，該恐懼與擔憂的是對方，不是你。

”真正讓一個人變強大的不是一個大成功，而是從一個大挫折中存活下來。“

28 你所走過的每一塊土地，都有反作用力

想要熟識一塊土地的最好方法，就是親自腳踏實地走一次。這也是為何我們對家鄉土地特別熟悉，因為踩過好幾百萬次。幾百萬次的腳步，除了換來腳痠，還吸收到土地的反作用力。

土地有哪些反作用力？

搭火車環台一圈與徒步環台一圈的人，哪個人對台灣更熟悉與親密？排除掉時間，徒步者所走的每一步，像一個又一個脈波訊號打入土地，接著土地也回予身體肌肉訊號，雖然大多是痠痛，但還有腦波訊號。

腦波訊號往往讓人感受強烈，會產生各種情緒與記憶畫面：可能是小時候曾經來過、大學時騎機車路過此地、和某某人約會過的畫面……人生問題的自我答辯、對生命的不解與困惑，土地的反作用力會慢慢講解，為您解惑。

我曾經揹著二十多公斤重的背包在國外爬山（我不是登山愛好者，只是剛好有人約我），走了快七小時，一路上的身體折磨，瞬間讓人覺得職場工作根本不痛苦。特別是路上遇到陣雨，冷雨打臉上、鞋子進水、身體汗水悶熱，一整路疲憊到懷疑人生，當下自我告誡，以後再有人隨意約都要謹慎評估。也曾經和孩子一起爬山攻頂，汗流浹背，爬了一千多階樓梯，至今難忘。

可見當時那塊土地的反作用力強大，讓全身上下所有細胞都記得。

另外，有一種土地的反作用力更凶猛，強到足以產生內在大爆炸，創造另一個新宇宙。

就是走在另一塊未知的土地上，每次抵達一座新機場，我就像哥倫布剛發現新大陸，急著踩腳下的新土地，眼前任何一個景色都不放過；急著聞新鮮空氣的味道，五感全面重啟。

由此可知每一塊土地對每一個人有不同的反作用力，若來自異地，力道更為強勁。想知道哪一塊土地的反作用力最凶猛，可以讓五感重啟，又能讓一個新的宇宙誕生？

那就把雙腳準備好，鞋帶繫緊，出門踩一踩最新鮮的土地。

”

土地的反作用力，身體會記住一輩子。

“

29 我花了好多時間，才找回「有用」的感覺

比起運動後的痠痛，我更害怕迷路，這邊說的不是旅行中的迷路，旅途中的迷路總是充滿樂趣，就像看精彩電影，無法預計會有什麼，但肯定更精彩。

害怕或正確來說不喜歡的，是在日常中迷路，一直重複在沒有出口的地方，那樣的挫敗感，會極度不舒適，從和自己賽跑的人，變成一直在迷路的人。

最終，就會開始覺得自己沒用，完全沒有功能，別說賽跑的人了，簡直連一顆螺絲釘都算不上。

在家裡客廳地板看到一顆用不到的螺絲釘，你第一個念頭是什麼？踩到會受傷，快點撿起來收進工具箱，不然太危險了；或是開始找嫌犯，到底是誰犯的錯，馬上指責。不太可能會立刻跑去拿螺絲起子，看哪裡需要螺絲釘，認真鎖上後並感謝它的存在。

剛出社會的我，成為有用的螺絲釘是首要任務，若失敗就慘了，成為無用的人。我曾經認為當不了社會的螺絲釘，就會變成眼中釘。

無用的可怕之處在於，有了一絲念頭，便會無限繁殖，必須花大量力氣對抗。告訴自己要安逸，卻連哭都哭不出來，也不知道要氣誰，卻好像也沒辦法暫停，到最後變得無力，彷彿是個沒有中繼站的馬拉松。

拚了命找到一份工作並且賺到錢，除了照顧好自己，也幫忙分擔家中開銷，但還是認為自己是無用的人，無力感揮之不去。

但如果不工作，只會變得更無用。接著每天起床對抗無力感，彷彿這才是真正的工作，上班變副業。直到有快觸碰崩潰邊緣的感覺，心中的守門員說該出門走走，別再沉淪下去了。

於是衝動訂了一張單程機票，之後提辭呈，網路相約陌生旅伴，一星期後不歡而散，這又是另一個故事，先不管。

對，冒險跟童話故事一樣，不是王子跟公主相遇就是浪漫故事，也不是一旦開始冒險，遇到的就會是完美旅伴。可是，即使遇到這樣不開心的開始，至少我們開始了，你會感受到，原來人生不是沒有補給站的馬拉松，原來即使有需要負擔家用的責任，我們還是可以試著給自己一點點空間去喊暫停、去冒險。

飛出門後，全身每個感官都復活，眼睛看得更清楚、嘴巴吃東西更有味道、耳朵聽到的聲音更響亮、鼻子變得更敏銳、手觸摸的東西更真實。剎那間，原本四分五裂的肢體器官全歸位，被我認真使用，有用的感覺浮現，無用感慢慢消失。

這股有用的感覺不同於以往，即便沒有工作，還是覺得自己有用。也就是說，我的「有用」，不取決於工作，而是肢體器官的主人。日後重返職場時，才有了真正在工作的感覺。

可能有人會反駁，職場工作也能找到有用的感覺。當然沒錯，但不是所有人都如此幸運，可以搭上人生直達車。

或者是，你的直達車，跟別人不盡然是同一班，沒有什麼幸運不幸運，只是有時候可能需要花比別人多的時間找到轉運站，然後「轉」到對的車，遇到對的「運」，才能抵達有用站。

一個人若是太長時間沒有聽從自己的直覺，總有一天會感到痛覺。

30 認真「漂」過，才會找到停「留」的意義

剛結束漂流旅行的那年，回台灣一個多月後就開始投履歷面試工作，幾乎所有公司的面試主管都會問：「職場空白的一年跑去哪裡？」我會誠實說去遊歷世界，接著一定被追問：「你會不會進到公司後，又和以前一樣跑出去看世界？」面試官大多擔心我有漂流前科，是否會再犯案，不太關心我去了哪些國家或旅行的意義。事先我當然沙盤推演過，知道如何解決面試官的擔憂，最後順利獲得工作。然而，許多人都誤以為喜歡漂流的人，心永遠定不下來。

我反倒覺得，要先認真「漂」過，才會找到停「留」的意義。

要能長期在外漂流，其實需要馬拉松選手般過人的意志力與耐力。大量的移動，代表要大量換旅舍，入住、熟悉新環境、自我介紹、整理行李、退房、換新環境。剛開始會覺得新鮮刺激，等到換了十多間以後會開始疲乏，不想面對一直重複的行為。

我曾經為了逃避「找下一間旅舍」而選擇在同一個地方住久一點，盡量拖延頻繁換旅舍，最高紀錄在義大利羅馬住了兩個月，完全沒離開市中心。

也接受印度與越南的洗禮，學會兩件事。

首先，如何果決地穿越一條馬路，因為一猶豫就會發生意外，人要比車凶。

再來，迅速退一步，閃避來車，保住性命。

接受過洗禮的旅人會立刻變成神木，感到世界上再也沒有一個國家能嚇倒你。

但認真來說，無論去哪一個國家冒險，都是在練習接受退一步。從搭飛機開始，機場櫃檯前、出境海關、安全檢查，都會請你退到等候線後。降落一個新機場，行李輸送帶前，會請你退到黃線後。等待接駁車、飯店櫃檯、某個售票口前、某個超市結帳櫃檯，全部會請你退到等候線後。

這時候的你會不帶情緒接受對方的要求，因為打從心底知道要遵守規則，否則會增加不必要的麻煩。

若在機場為了一條等候線而進到拘留室，想挑戰多短時間能趕上班機，算是另一種層次的冒險，我一生都不想嘗試。

對個性頑固並且不習慣退讓的人來說，冒險是最好的練習題，因為真實生活中，某些重要時刻真的必須退一步。

若我在印度的馬路口沒有適時退一步，可能已經去見佛祖（抱歉離題了）。

身旁的冒險者友人，當遇到機票無故被取消、行李被偷等各種不順遂的鳥事，最後都能樂觀退一步，不執著於壞事、困在憤怒裡。他們擁有柔軟的思維，退一步，即是「蛻」一步，更是蛻變，能順著事物變化走，隨時調整好步伐。

學會這種柔軟，可以知道如何善待僵硬的生活。也是因為這樣的「漂」，才開始懂得「留」。學會了珍惜原先的好，學會了想家。

就像我，原以為可以漂流三年，但第一年內心就浮現一個聲音說差不多了，是該回到自己最熟悉的家、旅行的起點。換個角度想，是對漂流的好奇心被實踐，不用再漂了。

現在因為身體的關係，只能輕量的移動（一個月以內），因為睡到不適合的枕頭或床墊，真的會要老命。

漂出去後，我才知道家有多溫暖，就是因為走過一些寒冷的地方，我更確信自己適合台灣的氣候，吃了異國美食後還是習慣家鄉的食物。

漂出去之後，才知道可以更柔軟，以前在日常看不順眼、職場上覺得不舒適的眉角，發現天大地大，那些計較多小。當然也有朋友漂出去後，從此永居國外，找到第二個家。也有人，漂回來之後，換了個跑道，選擇其他地方停留。

總之，每個在路上漂的人，最終都會找到停留的意義，著手建立自己的家園。但他們都會變得更不一樣，眼界廣了，心寬了，反而更懂得留下。

“靈魂一旦找到家，就會開始築巢；會漂流的往往是迷惘的心。”

Chapter 4

「偏見」會阻擋「看見」

31 想去很遠的地方？你可能是內建「磁覺」導航系統的候鳥

人到了某個年紀的時候，內心會有一種很迫切的渴望，感覺自己想要飛去遙遠的地方，順著某個方向前進，最好是世界的盡頭，看看那邊長什麼樣子，聞聞空氣的味道，也沒有多偉大的理由，單純只是想要遠距離移動，化為一隻大遷徙的候鳥。

地球上已知鳥類的連續飛行最遠紀錄由斑尾鷸所寫下，雙嘴細長，身體像橄欖球，外觀灰褐色，是陸鳥，所以無法在海上覓食。

斑尾鷸每年飛越太平洋，不吃不喝且中間不停留，連續飛行八到十天，目前最遠紀錄從美國阿拉斯加南部啟程，一路飛往目的地澳洲南端塔斯馬尼亞，全程近一萬三千六百公里，而紀錄保持鳥年齡僅五個月大。

研究人員好奇牠們在海上長距離飛行，如何克服複雜氣候與黑暗，又不迷失方向順利抵達目的地，於是有人提出斑尾鷸可能有人類沒有的感知系統——「磁覺（magnetoreception）」。

磁覺就是能感應出地球磁場的力線，順著磁場前進，簡單來說就是內建全球磁場 GPS 系統，自動導航，而且不用接充電線。

冒險者有時會遭遇「解題焦慮」，想解開自己為什麼要出走的難題，就算不去想，別人也會不斷丟問題，不認真解題就會被貼上逃避者的標籤。

要是斑尾鷸也要面對解題焦慮，可能剛飛出門就會失去磁感，隨時迷航，一群鳥餓死在海上，幸好沒有一位同類會丟問題，只專心飛翔。

若你現在想要飛去很遠的地方，但還找不到起飛的理由、解不開未知的感受，代表你是內建「磁覺」導航系統的候鳥，順著磁場前進，相信本能，飛得高一點、遠一點，目的地才會更靠近一點。

“每種動物內建的導航系統不一樣，不要當一隻跟著狼群前進的候鳥。”

32 寫封信給你喜歡的冒險家，請他們為你開鎖

有些人會覺得，冒險者總是不顧危險、完全不計後果，但其實並不是這樣。「冒險」不表示做事不經大腦、毫無規劃，不是說一旦出去了，就不用擔心旅費問題、不用在乎未來會怎樣。許多冒險者反而是深思熟慮後，才開啟未知的旅程。甚至很多人踏上冒險之路，是想對自己負責，不希望自己的人生得過且過，甚至是渴望找到某個屬於自己的真諦。

買一張單程機票、僅帶上幾百元、幾件單薄衣物、一本旅行日記，這種無憂無慮的冒險者，算是「極品」，非常少見。那些往往都只是表面的帥氣跟人們的

想像，因為真正的冒險家，常常是在腦海中深思熟慮了好幾回，才啟程出發。

「深思熟慮」會助人出發與活下去，可是如果被困在「深思熟慮」裡，太深太熟，會害人猶豫與出不去，被隱形鎖困住，日復一日，感覺生活變成雞肋。

正所謂，出發的人只有一個理由，還沒出發的人卻有一萬個理由。

想出發，心中卻有一萬個鎖解不開，該怎麼辦？

其實還有一個方法，那就是——寫一封信給你喜歡的冒險家。

先在信上禮貌自介，再寫出心中顧慮與擔憂。盡可能不要請他幫你做選擇，別把出發的責任推給外人，沒有一個人有義務替你扛責。

此外還要請教他，人生遭遇過最大的困境是什麼，當時如何應對？

做重要決定前是否會猶豫，如果會，該如何鼓勵自己？

生活感到挫敗時，下一步會怎麼做？

如果對方有回信，證明適合出發，因為有足夠幸運，任何事都能迎刃而解。

若沒回信表示你也適合出發，因為敢主動和陌生人攀談、敢做一件不太可能成功的事，冒險家就是需要這種精神。

我很喜歡日本自然生態攝影師星野道夫的故事。十九歲的某一天，他在一間專賣原文古書的書店，發現了一本阿拉斯加攝影集。當時在日本很難找到與阿拉斯加有關的資訊，他看見一張愛斯基摩小村落的空拍照片，在空無一物的北極圈，竟然住著一群人，他因此被照片深深吸引。

他好想知道，為什麼這世界的盡頭會有人類居住？他們到底過著什麼樣的生活？這想法串起了他與阿拉斯加的機緣。

他從照片旁的圖說得知那個村落的名稱，很想寫信過去，可是不知道該寫給誰。翻閱英文字典時，看到 mayor（鎮長、市長），就想說，不如寫信給村長好了，於是寫了封簡單的信過去：「我想去您的村子拜訪，我願意做任何工作，是否可以幫我安排住在村民家裡呢？」

等了好久都沒收到回信，原本以為沒寄到，就這樣過了半年，一天放學回家在信箱裡發現一封從國外寄來的信，寄件者是愛斯基摩村落的某戶人家，信裡頭寫著：「歡迎你隨時來，夏天是我們割馴鹿角的季節，你可以來幫我們……」

信件內容相當簡短，但星野看見後開心到快跳起來。他作夢也沒想到，遙遠的阿拉斯加近在眼前。

隔年夏天，他踏上阿拉斯加北極圈的希什馬廖夫（shishmaref）村，與愛斯基摩家庭共同生活。那段期間體驗到前所未有的「日常」——在北極海獵海豹、割馴鹿角、第一次看見熊、太陽永不落下的白夜，以及在日本難以想像的生存之道。

這趟旅程讓他了解到，即使在世界的盡頭，也有人類努力生活著，最讓人感興趣的就是當地居民的生活型態，以及人們為了生存發展出豐富的謀生之道。無論哪個民族、無論生活在什麼環境中，所有人都有一個共通點，那就是每個人的生命只有一次，而且無法替代，世界就是由這些無數的點串連而成。

星野道夫在阿拉斯加北極圈待了驚喜滿滿的三個月，只因為他寫了那封信。那年夏天，他二十歲。

星野道夫的故事激勵了我，後來，我寫了幾本旅行書，每次收到讀者來信，我都一定會謝謝對方鼓起勇氣寫信給我。這看起來是一小步，其實是成為冒險者的一大步。

最不可思議的是，九成來信者最終都會有所行動，彷彿動手寫信就是施展神祕力量，可以解開「猶豫」這個枷鎖。

你也想得到來自宇宙的神祕力量嗎？那就動手寫一封信！

“寫信寫信，有寫就有信心。”

33 人生的平衡感，要靠直覺找回

你還記得小時候在公園玩蹺蹺板的感覺嗎？

看見沒有人在玩，我就會立刻跳上去，在蹺蹺板上來回走動，用雙腳感受力道，自然而然地找出平衡感，讓蹺蹺板不倒向任一邊，成功後會佩服自己，彷彿掌握到生命的精髓。

沒有太多理性的算計，完全憑直覺在玩。

假如生活是一個蹺蹺板，大人的玩法就會顛倒，全憑理性算計，壓抑直覺，然後一堆人站在蹺蹺板上失落與受挫，因為怎麼試都會倒向其中一邊，狀態無法平衡，接著心情不平衡。

這種時候就需要暫時拋開理性的算計，好好修復直覺。

一天，一位友人傳訊說即將離職，在台灣工作七年後，要趁三十歲前去澳洲打工度假。

「好像突然就知道時機到了。」友人說。

我當下立刻給予肯定與支持，要信任直覺並且執行，真的不容易。

當我們開始念書、進到社會，往往會陷入「自己嚇自己」的階段，常常第一直覺是對的、也最適合自己，卻開始用「理性判斷」、前人提供的「經驗法則」，去干涉心之所向。

但所謂「心之所向」，是自己真正想要的？還是社會價值觀告訴你、讓你成為貌似跟大家相同、內心卻不快樂的一分子？

小朋友總是可以順從第一直覺告訴你要或不要、想或不想，但當我們懂得保護自己之後，卻常常因為安全、因為這樣才符合社會期待，而迷了路，卡在中間。同理，這位即將三十歲朋友的決定，若要拉回理性層面，我可能會說這是一個危險決定，因為未來可能會晉升主管，以後回台灣找工作一定更困難，還要和年輕人競爭。

如果我更不懂得放手，想著他是我的好朋友，我不能讓他面對任何困境而後悔，可能會列一張人生損益表，合計損失多少收入與職場機會，拉著他說「別犯傻了」。但，這位友人，正在貫徹人生只有一次的路，他去嘗試著讓自己不要後悔，勇往直前，他正享受在蹺蹺板上來回走動，跟著直覺找平衡感，雖然最後不一定成功，但至少嘗試過。

關於啟程與否，我也曾收到一個年輕讀者來信問：「我想放下工作，花一年時間看世界，但又怕揮霍青春，這個選擇真的好嗎？」

老實說我沒有正確答案，我更在意的是：工作算是揮霍時間嗎？

這個問題，其實我不能代替任何人回答，就像我的朋友，他追尋自己的直覺，不管他覺得工作算不算揮霍時間，他就是要跟隨他的心。

如果你心裡的感覺，是現在每天的工作，都是在消耗、浪費自己的時間，那麼，可以選擇出去看世界，反正都是揮霍，踏出門又可以少掉一個人生煩惱，不會一直被心裡的這個念頭打擾。

如果不是，可以選擇繼續工作。當然是先珍惜手邊重要的事物，等時機到了再去看世界。

然而這一題不只有去與留兩種解法，你可以創造更多可能，比方說出門看世界順便找工作，或是在職場爭取外派看世界的機會……

人生真的很難找到最佳路徑，就連 Google 導航也會出錯，更何況是充滿更多複雜變數的生活。工作或看世界都不是重點，重要的是為自己「放手一搏」一次，不顧一切做最大的努力，不為任何人只為自己，追尋自己的心，找回自己人生的平衡感。

就像學騎腳踏車一樣，學會了，日後就知道該怎麼前進。

現在生活遭遇猶豫時，我會問過去的自己怎麼處理，復習過去的經驗；我會提醒自己，恢復那個小時候玩蹺蹺板的童心。

最後對自己信心喊話：「以前我都可以做到，現在有什麼好擔心的，放手一搏吧！」畢竟，放手揮霍人生，可以揮掉困惑；讓自己跟隨直覺，或許才能真正找到心中的答案。

其實，現代人平均壽命延長，不到三十的友人，人生也許還有快六十年可以活，在人生三分之一的路上隨著心之所向，或許會成為直到老後都津津樂道的一個篇章。

我遇過有人在國外打工度假兩年，體驗過打工人生後，想回台灣找一份可以做久一點的工作。也有人從來沒體驗過出國打工度假，選擇在台灣職場工作，每年安排旅行就好。更遇過有人把穩定的教職辭掉，在旅行路上遇到真愛，然後結婚生子，享受自由業的生活。

無論如何，他們都是當下抓住那個起心動念、那個直覺，就讓自己隨著感覺走。順著感覺不代表任性，而是抓住自己想要嘗試的那個心，去探索自己真正的踏實與快樂。

人生是不是揮霍、浪費，其實是看你怎麼定義；相信直覺跟東想西想，哪個比較浪費，答案其實在你自己心中。

從來就沒有哪個人生版本最好或值得效法，因為每個人的生活需求不一樣，要親自跳上蹺蹺板走走看，雙腳感受生活力道，靠走動找回平衡感。

"當你不再羨慕任何一個人的時候，才能開始活出真正的自己。"

34 想戰勝險惡的都市，請先開啟一場儀式

面對未知的世界，你最先做的是什麼？

紐西蘭原住民毛利人會選擇跳傳統舞蹈「哈卡舞」，也被稱為戰舞，以動作、拍打、叫嚷和哼聲，然後抖動手表示閃光，舞蹈結束時會伸長舌頭，扮演敵人被殺後、頭顱被砍下、掛在長竿上的模樣。

哈卡能呈現戰場上的勇猛士氣，在重要場合表達對客人的歡迎。紐西蘭運動員在比賽前會跳上一段哈卡，展現氣勢，在喪禮上，也會跳舞陪亡者走最後一段路。透過哈卡的儀式，讓舞者獲得力量，期許在未知的路途上成為一位勇士，

百戰百勝。

出走也是一場儀式，雙腳移動是舞蹈、行李箱是樂器、機場的廣播聲是伴奏，接著用各種演出回應世界，以獲取力量好對抗未知人生。

我喜歡在旅行的時候，跟各式各樣的旅人聊天，去聆聽、理解他們的儀式，以及儀式結束後的下一步，用他們的故事，來誘發我心靈更深一層的探索。收集旅人的故事，去擴大對世界的想像，旅行，不單就是看風景而已，跟旅人們聊天，也是我的儀式之一。

在印度加爾各答，我遇過即將畢業出社會的日本年輕人，想趁進入職場前，完成一趟印度旅程；在馬祖南竿，我遇過高中休學的女孩，想趁回到校園生活前，完成一趟打工換宿旅程。

大學時代，一位因失戀而過於傷心的好友，想趁下一段未知愛情來臨前，完成一趟環島旅程。

我曾以為他們都被一場旅行改變，但我誤會了。

他們不是在旅行，而是在進行勇氣的儀式，跳著戰舞展現氣勢，給予自己信心，期許在未知的路上成為一位勇士。生活在險惡的都市，前進不能靠考試，要靠一場能鼓舞士氣的儀式，才能迎戰敵人。儀式結束後是開始，不是結束。

”

覺得自己缺少了點勇氣嗎？其實缺的不是勇氣，而是一場儀式。

“

35 三十五歲之前，出國工作賺世界

打工度假真的不好嗎？其實，我認識很多打工度假回來的人，當他們生活遇到困境時，反而更勇於挑戰。

若人生可以倒帶，我會選擇在十八歲出國打工度假，每年換一國，連續換十七個國家（目前台灣有十七國可申請），剛好到三十五歲。

用十七國的生活經歷，成為我的履歷。在這過程中，我不是旅人，而是在世界大學努力學習的人。因為看過各式各樣的人之後，才更懂得怎麼應對、怎麼腳踏實地。

近幾年開始覺得要真正認識一個地方，在當地工作才會看得更深，僅透過觀光客角度遊玩幾天就閃人，無法體驗一個地方的精髓。在一個地方工作，可以認識為生活打拚的人，和在地人一起流汗，能聽到更多汗水故事、看見觀光客無法看到的祕境。尤其能體會當外國移工的感受，觀察當地人如何看待外國移工。

國外的工作經驗，會幫助你對未來工作的定位。

有朋友因為到紐西蘭打工度假，被老闆賞識後留下來工作，拿到永久居留身分。也有朋友因為在澳洲打工二年後，覺得自己該回家了，便回國創業。多數打工度假的朋友，選擇重返台灣職場或結婚生子，極少數人能把旅行當正職或定居異鄉。

各種故事都有，但從來沒有一位朋友說後悔自己的選擇，也沒有責備自己的衝動，反而都感到驕傲，幸好當時有衝去。無論是誰，所有人都不留遺憾，坦然面對未來日子。

二十出頭，可能會擔心職場銜接的問題，不敢出國打工度假，但年屆四十歲的我，身旁有太多例子，一堆人不曾出國打工度假，照樣有職場銜接的問題。想去異國當觀光客，日後有的是機會；但想在異國工作，看外國人的生活態度，如何在一塊土地上認真生活，最好趁未滿三十五歲。

”如果打工度假是浪費人生，肯定是最美好的浪費。“

36 「獨自旅行」曾經是我的家庭枷鎖

前幾年一直走不出「無法獨自出國旅行」這關，除了要照顧家庭，小孩上下學要接送、平常要陪伴，妻子也不喜歡我把家丟著，自己一個人跑出門。我曾試圖鼓勵她獨自旅行，但她享受待在家的感覺，不喜歡被刻意鼓勵。

於是「獨自旅行」變成夫妻相處的痛，只要提及就會爭執不休。

有天真的再也受不了，送完小孩上學後，便打開 Google 地圖查看哪些地方沒去過，立刻騎機車去探險，幾次下來發現時間都花在交通，到景點現場可能只待了十分鐘，就要準備接小孩下課回家，最後花了一個半小時騎車，純粹出門透氣吹風。

不過，即使是這樣，我還是獲得了些許的滿足感。

這樣的騎機車亂晃之旅，稍微撫慰了我對「獨自旅行」的渴望，騎車移動的路上，我便開始思索為何著迷於一個人，到底是什麼原因吸引我？

應該是喜歡「探索」、「挖掘」、「移動」的過程，也可能是想要滿足「離開」與「抵達」。

如果把台灣當成一塊大化石，我是考古學家，台灣還有許多都市風景、歷史建築、高山與海邊，我都還沒用眼睛挖掘出來，它們的存在與否，取決於我是否親眼所見，否則都算被地層封印。

我給亂晃之旅設定遊戲規則：機車可以抵達、只需花一個早上或下午的時間。

因為四點還要接小孩。

起初會先規劃歷史與美食景點，可是隨著亂晃之旅次數增加，能去的點越來越少，一度卡關沒方向，然後我好奇為何不把景「點」變成景「線」，讓一條路成為主角，一個轉念瞬間多出新地方可以去。

我曾經從台北騎到基隆、十分瀑布、沿政大指南路到北宜公路，把自己丟在路上，只管前進，隨著道路線條自由流動，在大量的移動裡漂流。

假如要把台北市的平面道路與巷子都走過，就是一項大工程，如果再加山路，就夠我探索數十年，光忙台灣都來不及了，哪還有時間出國旅行？

好奇心救了我，把我從無法獨自出國旅行這關解救出來，放大我的內心世界，用一股引力穩住我，幫助我從不同角度看問題。

謝謝好奇心，不讓我放大身分的轉變去感覺自己失去了什麼，而讓我去思考，在現有的狀態下，我可以拓展出什麼？

身為自由工作者，我很幸運有這樣的短暫時間可以運用。很多上班族爸媽，通常時間很緊繃，早上送完小孩，下午有安親班的就是等下班接小孩，或者是拜託自己的爸媽協助。

回家張羅完孩子吃的，有些人或許還要加班，有些已經累壞了放空。到了週末可能還要安排全家的活動。

如果你是學生，甚至是應考生，甚至要從早到晚念書，回家休息一下又要繼續。不像我有這樣半天的時間可以規劃。

大學生自然多了些自由的時間，這也是為什麼我一直強調：想探險，要趁早。

所以，我寫下的是可以安排的「獨自旅行」緩衝方法，但我們每個人都可以找出專屬自己瞬間充電的方式，排除那個阿雜。

你可能會問我，如果是上班族，該怎麼辦？在有孩子的狀況，我覺得，給自己創造一、兩個小時的時間很重要，一小時太難？半小時也可以。

那個方法不是關在書房躺著不說話，而是出去走走。家裡偶爾會宴客，當妻子在跟她的閨密品酒聊天時，有時我會出去慢跑、或只是出去走走，畢竟女生的悄悄話我也聽不懂。

或者，創造一些哥們時間，也有些已婚的朋友會跟太太協調，一個月撥出一、兩天，是可以出去的時間；但相對的，也會有一、兩天，是先生幫忙帶孩子，讓太太跟朋友出去或是做自己事情的時間。

「獨處」這件事，有時候是雙方都需要的，當彼此溝通好，反而一家人會更親近。這也是我在婚後幾年漸漸理解的事情。

若再問我：「獨自出國旅行重要嗎？」我認為先出門培養自由流動的心，比出國更重要。不要覺得自己被任何事情困住，而是找出一個平衡心情的方法，那麼，就是一個「心」的旅行了。

"

移動可以幫助人類衡量空間，有益探索邊界與差異，並拓展生命的空間尺度。

"

37「偏見」會阻擋「看見」

生命經驗會幫助成長，但副作用是製造「偏見」。

我曾經歷過以下幾個偏見：

一、**身分**

學生就該成績好、出社會就該認真工作、當了父母就該全心照顧家庭，什麼身分就該做什麼事，別做一些超出本分、多餘的事。

二、**環境**

生活開始一成不變時，會怪罪於環境——都是因為工作環境，害我變成無趣的人；都是因為家庭環境，害我變成無法說走就走的人。

三、**金錢**

想做什麼事一定要先有錢，沒有錢就無法完成任何事，不可能跨出第一步。

四、**體能**

想單車環島、登上百岳或嘗試新體驗，一定要有非常好的體能，平常沒運動習慣肯定無法完成。

五、**能力**

英文好才能勇闖世界、有天分才能學才藝、學歷好才能找到好工作、文筆好才能寫出好文章。

六、**社交**

沒有朋友，人就會孤獨死，朋友當然要越多越好。

這幾年遇到最深的偏見是「獨自冒險」，世界上大部分的冒險都是獨自完成，或者應該說，當我年輕時，正準備開始計畫冒險，發現我所喜歡的書籍、冒險家，都是獨自出發，所以讓我有個偏見，認為「家庭」往往是冒險的負擔，而我有了家庭，就不該奢望冒險。冒險，是沒有任何羈絆才能達成的事。

直到撰寫此書時，在寫完了獨自的短暫摩托車之旅後，我開始蒐集資料，我才看見還是有不少父母帶著小孩一起冒險。曾有一對夫妻帶著小孩搭遊艇環遊世界，也有夫妻帶著他們未滿三歲的小孩去參加音樂祭，山腳下露營的音樂祭，何嘗不是一種冒險。只是從前我對冒險的嚮往，和曾經體會到的世界經驗，不小心成為偏見。

由此可知偏見除了阻擋看見，也擋住我的路，成為無形的絆腳石。

所以現在看到有人獨自單車環遊世界，我腦中想的是「可否父子單車環遊世界」？看到有人獨自橫渡海洋，那，「可否父子一起橫渡海洋」？也開始想著，我帶著孩子去搭便車環島是不是一種冒險呢？去日本的單獨旅行雖然搭便車的計畫失敗，但那些一起爬山吃冰、站在路邊卻招不到車、一起淋雨的經歷，是不是也算是我跟孩子之間的冒險呢？

旅遊書的冒險總是一個人，但冒險漫畫裡面卻常常是一群人。身為旅人的我，曾被自己設定的想像困住了。如今看到有一個人突破自我，我會想有可能一家人一起突破自我嗎？

一個人冒險很驚險，一家人冒險扣人心弦。許多偉大的冒險故事，常常是，大家一起啊！

"

有一種最快看見新世界的方法，叫「放下偏見」。

"

38 你相信什麼，自己就會成為你所相信的

出生於西班牙的艾博．凱薩爾斯（Albert Casals），八歲因白血病而終生癱瘓需要坐輪椅，但他沒有乖乖待在家裡，反而從十五歲開始獨自旅行，離家時身上只有二十歐元，帶帳篷睡公園與空地，在國外生活了幾個月或大半年。走過南美洲、非洲與亞洲，雙輪當雙腳。

有次被人問到：「坐著輪椅旅行很不方便吧？」

「一點也不會。難道你戴眼鏡旅行也不方便嗎？」

很多人都好奇，問他：「為何想去那麼多地方？」

「我想這是因為內心總有一股很特殊的感覺，不管在哪裡過得再好，總是想離開，想到別處結交新朋友，相信自己會經歷一段更加刺激的冒險，更加精彩的體驗。正因為擁有這股情緒，才讓生活充滿了新奇，更洋溢著幸福。」

——艾博・凱薩爾斯《旅行，讓我成為人生冒險家》

艾博沒有相信癱瘓會阻擋看世界，而相信冒險會豐富人生體驗並且帶來樂趣。

牆之所以高，並不是因為真的高，而是你相信它高。

讀高職時，我拿著課本去問老師一道難題，事後老師說了一句比題目更難懂的話，讓我多年後才體悟。

「所謂的難題，是因為你把它想難了，當熟練之後就不是難題了。」

會想到這題，是在出社會後，當時我覺得社交好累、好煩人。

還沒認真出走前，我認為的社交是進到人群裡，努力結交新朋友與拓展人際圈，好讓自己看起來朋友多，生活充滿光彩。

可能受電視或電影的影響，沒朋友的人看起來是失敗者、社會邊緣人，所以更渴望朋友。

越是這麼做，越是不快樂，尤其看著社交帳號明明有幾百位朋友，但深交的根本沒幾位，會反思自己到底在幹嘛。

我之所以出走，一部分因素來自逃避社交與失敗的自己。

當時，我正如高職時老師說的那個狀況一樣啊，我把這問題想得很難，然後我逼自己去「熟練」，只是那個熟練的方法，不盡然是正確答案。

直到在外面看到更多人的生活模樣，我才發覺社交分為兩種，一種是「人」的群體，另一種是「非人」的群體，更大的生命體，即是一個環境空間。

把自己放在一座都市裡，聽著街道的聲音、看著人們的臉孔、蹲坐在角落觀察都市細節、在景色前整理心中的感想，就是進行一場無聲的社交，和環境互動並融入其中。

這種無聲的社交，讓我感到平靜自在，每一個新地方就像一位新朋友，豐富生活眼界，不必擔心被說壞話或被排擠，不用刻意偽裝或討好誰，永遠都會被熱情接納，和它們相處更自在簡單，有如莫逆之交。

我才發現，以前，是我把社交想難了，社交不是數學題，答案不會只有一個。找到自己的答案，這件事就沒那麼困難。

雖然用這個跟艾博的經歷比起來，是小巫見大巫，但活在日常的我們，何嘗不是常常是他半開玩笑說的那個「戴眼鏡會覺得旅行不方便嗎」的人。被困住的我們，就像只是戴著眼鏡，還覺得很不方便，什麼都不肯試。如果你和我一樣知道社交很重要，卻又感覺群體生活很累人，代表你可能需要出走，找尋另一個答案。

根據非官方統計，全世界有近一萬三千座城市，排除不發簽證的國家，大約扣掉一半，我還有近六千五百位朋友向我打招呼，等著我去認識。

現在的我非常享受社交，不會特別計算朋友數量，少有失敗的感覺，因為經常出走。

專心忙著出走，讓我無心失敗。也就是說，世界上沒有所謂的難題，只有熟練與否的課題。

越熟練就越簡單，反之，越不熟就越困難。

冒險並非難題，多熟練幾次就會變好玩，世界上很多人玩得既簡單又開心。有時，你相信什麼，比你是什麼，來得更加重要。

“真正能阻擋一個人前進的，不是失去雙腳，而是失去相信自己可以的心。”

39 剩一百公里，很快就到了

前幾年「西班牙朝聖之路」這個行程突然流行起來，光是官方公布的路線就有七條，最多人走的是其中的「法國之路」，從法國西南部的城鎮 SJPP（Saint Jean Pied de Port、聖讓皮耶德波爾，絕大多數朝聖者所選擇的出發地）走到西班牙西北部的「聖地」聖地牙哥——德孔波斯特拉（Santiago de Compostela），相傳耶穌十二門徒之一「聖雅各」的遺骨即存放於此地教堂，因此這個路線也稱聖雅各之路，全程八百公里，大約要走三十天。

一路上會遇見眾多的同行徒步朝聖者，順著貝殼的指引，大家都帶著一個理由以及一本朝聖者護照，入住沿路上的庇護所，在沿途的教堂與餐廳蓋章當作證明，最後抵達聖地牙哥後，可以憑此護照換取「朝聖之旅完成證書」，擁有證書可以赦免人一生一半的罪行，若是在聖年完成可以赦免所有的罪。

未曾去過的我，只能透過書本和電影解饞，曾經在電影《朝聖之路：聖雅各》看到一句話，主角疲憊不堪地問夥伴還要走多久，對方說：「剩一百公里，很快就到了。」

一百公里是什麼概念？大約是台北到苗栗、高雄到嘉義的距離，如果有人說從台北走到桃園很快就到了，我會立刻變臉，何況是走到苗栗。

有位喜愛旅行的女性友人，在二〇二二下半年走上了北方之路（Camino del Norte），始自西班牙與法國交界的濱海城鎮 Irún，全程約八百四十公里。在這長達三十二天的過程中，每天走二十到三十公里是正常的。她的旅遊記事

「漂鳥旅行誌」粉絲頁寫著，最後她遇到的香港旅伴小立這樣說：「法國之路，是剩下一百公里會開始捨不得。北方之路是讓你怨嘆怎麼還有一百公里啊。」

同樣的一百公里，卻有全然不同的感受，看起來一樣的朝聖之路，卻有各自的故事，實在是太吸引人了。

所以我認為朝聖有三種魔力：

一、讓一個都市人原本認為很長很遠的路，變成可以很快就抵達，獲得轉念的力量。

二、朝聖者只管前進，順著貝殼指引或是與旅伴同行，無論你背包有多重或身體多痠痛，只要不放棄前進的信念，終能抵達目的地，讓人擁有完「行」證書，獲得更完整的自己。

三、在路上考驗的不是體力或財力，而是信念。信念強大的人，離目的地越近；反之則是越離越遠。無論你以前是個多麼容易半途而廢的人，走完朝聖之路就能獲得巨人般的信念，不會輕易被打倒。

我心中有條約一千公里、屬於自己的朝聖之路：台灣徒步環島。因為我相信繞著台灣山脈走一圈即是「轉山」，如同西藏人相信轉山一圈，可洗盡一生罪孽。至於何時會出發，就看我的罪孽有多少，累積到一定程度就是該出門洗滌一下的時候。當然，也是要準備好計畫書，提案給家庭主管請假。

> 事實上，是我們被聖地所吸引，而我們在當中活著，獲得具特殊意義又感覺強烈的經驗，然後再度回首，重新去轉化與更新。

40 世界上最好看的風景是……

假如你正原地盤旋，猶豫著，出門除了看風景還能看什麼？對人生有何幫助？

其實有比景點看更好的畫面，就是：

一、看自己如何獨處

內心的躁動，一部分來自無法獨處，獨處是一把髮梳，幫助梳理三千煩惱絲。

「煩惱絲」放著不管，「煩惱質」就會變差，開始分岔斷裂。

當沒有人打擾，專心看著寧靜的大海或天空時，心情也跟著寧靜，內心躁動就被安撫。

學會和世界獨處了，彷彿就知道如何與世人相處。

二、看自己如何處理困境

以前在家有人幫忙處理食衣住行，但出門後的困境，全部都得自己解決。出門越久，越能學會凡事要先靠自己，遇到困境即時處理，不是打給父母求救。

在印度搭臥鋪火車，怕睡著有人偷東西，怎麼辦？當時我只能主動在火車站結識外國背包客，看是否有人在同車廂可以互相照應。想在歐洲長時間生活，但旅費不夠怎麼辦？當時我只能主動認識住在歐洲的台灣人，請對方幫忙打聽便宜住宿。

能在路上學會處理困境的人，走到哪都能生存。

世界上最棘手的困境，是心境。

三、看自己如何財務規劃

旅人的金錢觀不同於都市人，在路上沒錢意謂著旅程即將結束，所以一定要盡全力做好財務規劃，延續旅程壽命。

如何在一定的存款內，讓旅程收益極大化，是旅人的必修課。在家沒記帳習慣的我，出門後立刻變身記帳士。

四、看自己如何經營人生

有人說旅行和工作不一樣，但我覺得一樣：

想看什麼風景，就要付出多少資金、體力與時間成本，天下沒有白看的風景。

許多想認真看世界的旅人，因此認真工作，我也不例外，在旅行之中看見工作的意義。當然也有消極的旅行者，為數不多就是了，反而遇到比較多消極的上班族。

總之，所有人生畫面的加總，看多就是葉黃素，能讓眼睛變得炯炯有神。

”看見答案的人是賢者，看見問題的人是智者。“

Chapter 5

面對焦慮時，寫下你的清單

41 獲得好奇心最快的方式，就是創造引力

好友在後疫情時代終於能飛出國，在臉書寫下一段話：「洗衣服、洗碗、拖地、整理家，喜歡這樣的旅行生活。可是在台灣就不喜歡。」同樣的生活瑣事，旅行時喜歡，沒旅行時就不喜歡。

旅行狀態下的好奇心，可以改變看事物的角度與心境，這正是迷人之處，是「好奇引力」在作用。所謂的「引力」是指任何具有質量的物體之間，會有互相牽引的力，又稱「萬有引力」。因為有著「引力」，宇宙間所有星球都像有一雙看不見的手，手牽手拉住彼此，維持太陽系的平衡運轉。

假如引力消失，地球會發生什麼事？直接世界末日來臨、看不見太陽與月亮、地球被宇宙甩飛，最終飛出太陽系。

好奇心就是內在小宇宙的萬有引力，維持情緒平衡。

旅行時產生的好奇引力，能穩住自身情緒，再把乏味雜事轉化成樂趣，越做越快樂，還能釋放快樂芬多精。然而旅行結束後，好奇引力消失並且情緒失去平衡，乏味雜事變成折磨忍受與悶悶不樂，快樂感覺被甩到另一個星系，生活變混沌。

那麼，有沒有方法，在「不旅行時」還是能誘發引力，不讓好奇引力消失枯萎呢？對我來說，閱讀與移動就是。閱讀能夠維持對世界的好奇；隨時移動探索，能在周遭的環境中，發覺不一樣的驚奇。

對世界充滿好奇的人，可能還是會擔心未來，卻很少愁眉苦臉，因為被好奇心填滿的人，沒有剩餘的空間留給不開心。

反之，經常愁眉苦臉，心中就沒有剩餘的空間給好奇心。你如果覺得非得出遠門，才會有開心，那麼，開心就會被你推得很遠；你如果覺得不出門，就是在扼殺好奇心，那麼，好奇心無論怎麼對你敲門，你都聽不見。

所以當我感到憂愁時，會提醒自己該動起來，動手安排探險日；若無法出遠門，會去近處。

不一定只有去遠方旅行才能產生好奇引力，日常也可以。

坐在家裡網路遨遊，滑著手機看著別人旅行，會產生的是嚮往，不盡然是好奇。但要引發好奇引力，「踏出去」是必要的。

我喜歡在不同書店探險，因為每間書店就像不同國家，有自己的性格與文化，永遠有新奇故事等著我去挖掘。在書店環顧四周，看見一群人各自站在書本前面專注閱讀，進行靈魂排毒，當我看到感興趣的書，情緒彷彿被淨化、不再愁眉苦臉。

因為我更關心買回家的書，裡頭到底寫些什麼，想立刻泡杯咖啡，找個安靜角落看書，在字裡行間走動，未來的日子持續追書，延續好奇心。

網路上的字句，一滑就過去，同時還有可能好幾個視窗一起分心；閱讀就不一樣了，閱讀時沒辦法滑手機，手裡掛著書，即使是電子書，你也沒辦法一邊看書一邊做其他事情。

專注會引起好奇，好奇會引發引力，更棒的在後頭，讀完後還可以找人開讀書會，好奇持續放大、擴散，持續冒出新想法。

我也曾經受好奇所困，以為好奇心只能靠長時間旅行才能滿足。後來跳脫困境的方法是把好奇心區分為「水平」與「垂直」兩種探索模式。以居住的城市為原點，可以搭飛機出國旅行時，就拓展水平好奇心探索模式。無法出國時，開啟垂直好奇心探索模式，爬山就是向上，閱讀書籍是向下，挖掘更多文化歷史故事。

現在我慢慢把「認真生活」視為Z軸模式，用X、Y、Z軸創造空間感，把日子活得更立體。

當我越多新想法，就越少煩惱，間接預防未來的不開心。情緒混沌的狀態也減少，畢竟出國旅行，已非是滿足好奇心的唯一選項。有更多選項後，思緒跟著有彈性，鬱悶感也大幅減少。

若問我閱讀與旅行的好奇心哪個比較重要，毋庸置疑，一樣重要。

一定要選擇的話，現在我會選閱讀，因為閱讀可以帶我去比旅行更遠的地方。旅費更便宜，連行李都不用帶就能當下出發。

專注的閱讀跟揹著行囊專心走在路上，觀察路上的點點滴滴一樣，投入才能帶來冒險的樂趣，閱讀跟旅行都是。

> 有穩定的情緒，就有穩定的好奇心。
> 有穩定的好奇心，就有穩定的情緒。

42 面對焦慮時，寫下你的清單！

遇到生活中的焦慮，該怎麼辦呢？千頭萬緒亂七八糟，真的要你放下，隨著人生的蹺蹺板走，不太可能，也不是這樣，直覺不是這樣用的。

焦慮，也有各式各樣，我最常遇到的就是「旅行的焦慮」。

有了一個大膽想法卻感到焦慮，這很正常，因為從來就沒有一本冒險教科書或一間旅行學校，能夠教我們如何處理焦慮。不要說冒險了，其實日常的焦慮，能解答的也少之又少，現在很多人推廣冥想、運動等清理自己的方法，我個人的解決方法，是寫一個「清單」。

話說回來，面對旅行的焦慮，我的第一步是寫一張「學習清單」，把出門路上可能會遇到的狀況全部寫下來，順便梳理情緒。

比如我想帶小孩從新加坡一路搭火車北上至泰國清邁，內心有些焦慮，我的清單如下：

一、簽證：先查好跨國簽證問題，能否在邊境海關辦落地簽，還是要先在台灣辦好簽證？

二、交通：國與國之間可以搭火車嗎？中間需要轉乘嗎？如果不能搭火車，巴士怎麼搭？

三、住宿：是否該搭臥鋪火車省住宿費？還是住火車站附近？

四、娛樂：小孩搭車感到無趣鬧脾氣時怎麼辦？

五、生病：小孩生病怎麼辦？如果無法和醫生溝通該如何是好？

六、突發狀況：若有意外事件，可以請誰幫忙？如何克服語言不通？

在這過程中，我一一查詢網路尋找答案，收集資料克服困難，在爬梳的過程中，建立了許多安心感跟穩定，建立清單的過程不但可以解決焦慮，當家人問我帶孩子出遊有什麼想法跟準備時，這張清單，就是我最好的溝通方式。

我的「寫清單」行動是從達文西的故事得到啟發。歐洲的考古人員從達文西筆記裡摘錄出以下手稿：

一、計算米蘭和其郊區的大小。

二、找一本跟米蘭的教堂有關的書，往科爾杜西奧廣場路上的那家文具行有。

三、量出公爵宮的庭院大小。

四、找個建築專家教我怎麼畫正三角形。

五、問安東尼歐師傅，在白天或夜晚蓋堡壘的時候，磚塊是怎麼定的。

六、找個水力學專家，問他怎麼用倫巴底人的方法修理閘門、渠道和水車。

七、問太陽的大小，喬凡尼・弗藍西斯師傅答應要告訴我的。

為何非要寫清單？因為寫清單可以建立落實感，舒緩焦慮。讓自己立刻動起來，每解決一個問題就動手劃刪除線，一個接一個全刪掉後，會有「我已經準備好」的狀態，讓人充滿自信。

這樣的方式，可以用在冒險上、旅行前，以及日常生活中，讓清單協助你緩解焦慮。最大的敵人往往是自己，很多時候我們都是自己嚇自己，或者用逃避累積狀況。

當清單列完後，在思考、解決的過程中，自然會找回自信。擁有自信，快樂就會自動找上門，而快樂的人，往往不會太焦慮。

”

你不需要等到夠優秀才開始，而是開始才會變得優秀。

“

43 我想成功做好一件事來改變自己

我喜歡蒐集故事，從閱讀中看到的故事、旅行中旅人分享的點滴，去聽演講時，那些讓我感到有魅力和有正能量的人，給予我正向的「芬多精」。

我也覺得故事可以帶來生活信念。回想你的學生時代，是不是收集著喜歡的偶像海報、照片，手機首圖是不是掛著自己喜歡的圖，或許是想去旅行的地方、喜歡的人或偶像、甚至是目標、格言。

想知道一個人的生活信念有多強大，看他房間有多少海報、書櫃裡有多少書、雲端資料夾蒐集多少故事，就可以找到線索。

曾經我的房間有世界地圖、書櫃裡有旅行書、網頁瀏覽器裡有許多旅行部落客的網頁書籤，這些全部是支撐信念的後盾，抵禦生活的不順利。

日子感到痛苦時，看著世界地圖與閱讀旅行書，故事的慰藉讓我相信自己有一天會站在某個異國城市，揹著背包並且手中拿著地圖，用好奇眼神在探險。

旅行故事有時是盾，有時是矛，能幫我擊倒頹廢的自己，不陷入無止盡的沮喪。生活如戰爭，所以平時更要多方蒐集故事，需要時才能即刻備戰。

我的雲端有一個「故事獵人」檔案夾，定期獵取能激勵我的心靈濃湯，目前有五十個故事，預計蒐集一千個——畢竟在戰場上，戰力要足夠。

這邊，分享其中一個故事。

日本有一位徒步冒險家吉田正仁，用一台手推車載滿食物與睡袋，走了世界五大洲，還曾穿越沙漠，行經多達六十個國家，步行距離約八萬公里（地球周長四萬公里），共花了近十年時間。

大學畢業那年，吉田沒有直接找工作，而是跑去和父母說：「我想在工作之前研究社會，我想看看這個世界。」接著揹背包遊歷非洲和中東。

遊歷幾年後回到日本工作，一直到二十五歲那天回顧自己一生，才發現從來沒有認真做好一件事過，學業、生活與工作經常半途而廢，所以想成功做好一件事來改變自己。

他只想到徒步環遊世界，為了實踐想法，他認真工作兩年，戒酒戒菸拚命省錢，跑去找廠商談旅行裝備贊助，帳篷、睡袋、手推車。

吉田從中國出發，一路步行至葡萄牙，接著穿越北美洲、南美洲、澳洲、非洲，走遍五大洲。

旅行路上有時會遇上無法補給的荒野地區，他最長走過三百二十公里，最重推過一百多公斤的食物加裝備，手推車一共推了十年。

「地球非常大，但不斷積累小小的一步就能走遍繞地球兩圈的距離。無論什麼事只要想做，大部分都能做到。」

手推車徒步之旅結束後，接下來有更大的冒險等著他，就是「回職場工作」。某次訪談他笑著說：「工作比走在北極圈裡更難。」可見有職場工作經驗，可以走北極好幾圈。

我和吉田正仁一樣有半途而廢的豐富經驗，一開始並非追求職場成功，而是先完成心中最想做的事，透過「成功做好一件事」來改變自己。

吉田正仁的故事，也是我生活的提醒，當想要半途而廢時，先完成一件心中想做的事情，透過成功做好一件事改變自己，是多麼實用。

我們可以從故事主角身上學習他的生活態度，然後從生活開始從手，例如去海邊淨灘、做好垃圾分類、通勤時遇到沒禮貌的人把心裡想罵的話忍下來、看到辛苦的人讓位，就是一件想做的事情去改變。

這樣，我從吉田正仁身上，獲得了一個我曾出遊回來就忘記的信念，這個信念，就成為我的能量。

培養「蒐集故事」的習慣，買書或把網路上喜歡的故事存在雲端資料夾，就是儲值信念。

閱讀喜歡的故事可以強化信念以及安撫情緒，故事主角會成為戰友，當你一步步退守，他們會提供支援，撐住你的決心，拉著你衝出去。

這些信念，也可以轉化成你的小小改變，你不一定會成為他，但你可以從他身上學習轉換的方法。故事蒐集越多，戰友越多，未來遭遇質疑或惡意就是打團體戰，不再單槍匹馬。

後盾夠堅固、矛夠尖利，生活信念隨之堅韌。信念夠堅韌，即使生活的重拳擊倒我一次，我也可以站起來一百次。

蒐集故事是一件「好事」，蒐集了許多好故事，獲得了更多能量，總有一天，不是你去追改變，而是改變來追你。

"先完成心中最想做的事，就是所謂的成功。"

44 生活中的毒光害，是別人的眼光

光害，也稱「光汙染」。

看似無害的室外光照，除了會「吃掉」夜空星星，還會破壞自然生態平衡，研究指出過多的大樓燈光或野外路燈會干擾鳥類飛行，可能導致在天空盤旋不止而筋疲力竭；綠蠵龜幼龜會受亮光誤導，迷失在陸地上而無法回到大海；人類在黑夜看手機，也會導致失眠或偏頭痛。

然而最具殺傷力的毒光害，是別人的惡意眼光。

我年輕的時候是急性子，剛投身職場時急著想做點什麼，充滿著改變社會的想法，看到公司有不合理的地方會立刻反應。可有時我眼中的不滿意，會成為他人心中的多事，因此主管與同事都討厭我，認為我待不久，同事間甚至賭我撐多久會離開。

因為被討厭又不想討好他人，心中一直有個聲音告訴自己：「我離開對所有人都好，同事更開心，反正這裡的人都不看好我，何必委屈過日子，這場賭局我認輸。」

沒有想過，去理解別人為什麼覺得不好，沒有思考過那些不合理，是我覺得不合理，還是大家都不喜歡，我只記得大家投射的眼光，而那眼光就是一種汙染，讓我懷疑初衷，卻不想破解答案。

我受光汙染誤導，迷失在職場這片大海，原以為逃離職場就不必看人眼光，出走人生就不會有任何「眼光之害」，離開有毒的環境就會無毒，可是我錯了。

有人的地方就有汙染，隨處都在。

眼光汙染也不例外。

用破英文和外國人溝通，被冷眼後會漸漸害怕開口，怕自己一口破英文。

在背包客棧生活一段時間，若發現有人對我不友善，會擔憂是不是被討厭，或是自己做錯了什麼。

漸漸地，光害換了一個舞台復活，再次找上門。

但這次和以前不同，我沒立刻認輸，而是問自己：「如果世界上有另一個我，我會用什麼眼光看待他？」

畢竟，都已經告訴自己出走可以過得更好，如果在這時候不直視這個汙染，不就無處可逃了？真的要被汙染吞噬了嗎？

我想，看著他，我會有點心疼，日子活得好辛苦，像一隻夜行性動物要躲避光線刺激。身為朋友，該如何鼓勵他？應該要找一個安靜的地方，花時間陪他散步聊天，要是難過就抱抱他，不要多說話。

因此開始學會照顧自己，練習處理光害，也意識到比眼光更毒的是冷眼旁觀看自己，忽略自己的感受，毒上加毒。

後來我放膽用破英文找人交談，放下對自己的有毒眼光，甚至鼓勵外國人學中文。若又被某人討厭就接受現況，接受被討厭的事實，但不會因此而討厭自己，找一個喜歡的地方把情緒安頓好，再思考如何改變現況。

我發現眼光沒有想像中的可怕，這個汙染，我自己可以淨化。現在看到惡意眼光，不會輕易畏光與被汙染，因為自從我學會戴上心靈的墨鏡，除了可以抗 UV 光害，還能順著自己的光走。

"順著自己的光走，才可以走得長久。"

45 焦慮多疑，與年紀無關

曾看過一段話：「年輕人容易焦慮，因為總是懷疑自己是否有能力把一件事做好。」

事實上，真正抵達中年之後，看著周遭朋友，發現焦慮並不會因為年齡增長而消失，身邊的長輩也常常為了各種大小事焦慮著。

焦慮跟蟑螂一樣，消滅之後還是會出現，一不小心還會發現生了一窩子，滿室都是。

消滅焦慮的方法，前面我有提到，不管是出去走走、列清單，都是很好的方法。但焦慮為什麼如此難以處理，跟越大越容易出現的懷疑一樣，我認為與年紀無關，而是與移動有關。

出社會很久的人容易起疑心，疑心像脂肪，不動又放著不管，只會加重危害健康。疑心更像脂肪的地方是，越到中年越難消，要趕跑得花好多力氣。

多疑之後就會增加焦慮，就像體脂肪增加又減不下來時，內心會有很多感嘆、煩惱，心想著這樣下去不好啊……手裡的零食卻一秒都沒有離開；焦慮跟多疑也是，明知道這樣不好，但最後會選擇窩在家裡，任由這些發展，像藤蔓一樣。

現在遇到多疑，我會「多移」，立刻起身移動去某個地方，即便是毫無計畫的移動也能舒緩焦慮，讓我暫時分心，避免專注於煩惱。

你問我，怎麼疑心跟焦慮都是「多移」就好，方法真的那麼簡單？因為換了一個地方，就是讓你跳脫困住的地方。換了一個地方，是要提醒回到你自己，不是忙著困在那些負面能量裡。

若遇到大疑就大移，移動到更遠的地方，投資大量時間給自己，比較困難的問題，本來就是要花比較多時間解題。要是無法立刻大移，就主動邀約大移動回來的人喝咖啡，吸取可提神的故事，聽他們如何面對與解決人生的困惑，以及看到什麼又遇到哪些人，有了哪些改變。

找不到大移的人，那找不同的人，看看別人怎麼想，整理一下到底是自己嚇自己，還是真有這樣。

但這也有一個要點，如果你找一個總是在焦慮跟多疑的人，是跟鬼拿藥單，只會更可怕，他反而幫你挑出更多負面的蛛絲馬跡。

雖然說大移動回來後，人還是會起疑心，但和以前不一樣，成分多了健康的好奇心，或至少瞬間轉換了一下心情，因為大移動是一場大提煉，可以將疑心雜質「濾」除，取得好元素，不再無故莫名焦慮。

獲得好元素後，會開始相信自己有能力讓生活變好，事情朝好的方向走。

所以充滿焦慮和懷疑時，我會鼓勵自己移動，該出門過濾一下，否則不好的雜質堆積過多會影響生活，做什麼都無法專注。

我聽過許多原本無法專注工作的人，一趟大移動之後，一切都變了，變得願意認命工作，生活充滿好元素。

反觀忘記移動的人，一切也都變了，生活變得更多慮和多疑，事情朝不好的方向走。

好元素越多，越有相信自己的能力，願意花一輩子把一件事做好。

大移，有時候也是代表著暫時關機，遠離心中的焦慮跟懷疑，遠離事件的核心一下子，再回頭思考，你會發現，有時候是自己嚇自己，暫時遠離，這是終生跟那種時不時出現，黏黏的、令人困擾的情緒共處的方法。

我們無法讓它們永遠消滅，只能適當地請它們離開。

“世界不是一本書，是一座圖書館。”

46 你是否跟真實世界斷了連結

一支智慧型手機要連線網路有兩種方式，內部與外部；內部是行動數據，外部則是 Wi-Fi、藍牙、USB 線。

離開家的時間，大部分我透過行動數據，我猜你也是。

然而你是否已發現玄機，其實手機一直默默提醒人類，要開啟「行動」數據才能與世界連線。

記得某次 Meta 系統大當機，Facebook、Instagram 瞬間無法使用，當時聽到周遭的朋友開始慌亂，好像失去了什麼斷了聯繫；還有一次 LINE 當機，工作夥伴開玩笑說，沒有 LINE 現在可以下班了。

網路世界跟社群軟體，彷彿帶我們去了很遠的地方，可是往往也侷限了我們。沒行動，就斷線，這些從虛擬拓展到世界的方式，卻也往往讓自己與真實世界斷線。

坐在一起吃飯，大家都低頭看手機，回話要回不回；走在路上也看到某些人，視線壓根沒離開過手機。

親友的聚會，孩子吵著要平板、要手機，要看影片，窩在一旁不跟大人互動，寧可在網路遨遊，也沒有要跟大家對話。

一個人和真實世界斷線，會變成什麼樣？

上述這些，是否就是某種跟真實世界斷線的模樣？

網路究竟是我們的工具，還是拉遠跟周遭人的方式？

以往，我們是上網搜集資料、查機票、找尋資訊，但現在很多人像是被困在網路的牢籠裡，在網路上討論議題、起床就開始滑社群軟體，看別人說了什麼、貼了什麼，好像就知曉天下事。

但你自己呢？

若你渴望看世界，卻遲遲沒行動，定下來想想，是不是你困在網路中，跟真實世界失去連結。

若你是有一些因素導致沒行動，始終無法與世界連線，如同手機遲遲無法上網，會讓人感到不安。那有沒有辦法，至少先讓自己能夠偶爾放下網路世界，擁抱真實世界呢？

對探險者而言，安撫不安的唯一方法就是行動；若覺得還無法成為探險者，你可以試著先從身邊能做的地方開始，去安撫心中的不安。

我的工作往往需要跟網路連結，上網寫文章、回覆讀者來信、在網路上互動，可常常在這一來一往中，覺得自己越來越沒電。

手機充電插上插頭就可以，人呢？是不是除了搭乘飛機外，我們也可以給自己一點「飛航模式」時間與網路世界隔絕？與真實世界充電。

有次好奇住在深山峽谷是什麼感覺，馬上行動去台東天祥深山住兩天，關上手機站在高處望向峽谷和景色合為一體，彷彿從台北出發就抓著一個靈魂插座，一路拉長至峽谷並插上，和真實世界連上線。

連線的體驗讓我感到舒暢愉悅，覺得大自然是取之不盡的財富，富足感湧上心頭，煩惱被拋到另一個宇宙。

我發現自己放下網路，站在那裡，感受大自然給我的，反而更遼闊；不同於長時間與網路連線，經常感到貧乏，花數小時看別人過生活，變成心靈遊民，網路當歸宿，尤其看到別人過得比我好，心中又被嫉妒與羨慕塞滿。

還記得真實世界身邊的那些感受嗎？

空氣是什麼味道（可能聞到一陣臭豆腐味）、風吹過來什麼感受？網路世界呈現的「真實」有時候往往換來一場空，又空又虛。

而那些空虛，其實短短的「飛航模式」時間，或許就能讓你有不同的感受。

自從意識到開啟行動數據的重要，和真實世界連線的美好，我已減少社交媒體的使用，和網路世界斷線後不慌亂，安定的力量也經常來找我。

安定的力量，能讓人感到心靈富足，另類的三秒致富。

即刻開啟行動，和真實世界連線，五感體驗絕對比網路逼真。

讓我們一起，試著放下手機吧！

”

積累財富可以成為富人，積累豐富體驗可以成就富足。

“

47 被世界碾壓過才會有世界級的抗壓力

一位攝影師友人在國外自駕旅行，吃完一頓午餐要走去停車場取車時，發現車窗被破壞並且全部的攝影器材被偷，當下立刻報警，但心中深知找回器材的機率渺茫。

沒有過多的氣憤，畢竟自己也有疏忽，不應該把器材放車上，隔天馬上買新攝影機，調整好心情重新上路。

他勸朋友們在國外自駕買得來速在車上吃就好，可以避免行李被偷，還笑著分享自己的慘痛經驗——反正不是第一次，人沒事最重要。

後來我發現，這些喜歡旅行，或時常旅行的人有一個共同點，總會在說壞故事時，用好心情去看待。

所以無論去什麼別人說不好玩的地方、國家，在他們述說時，都變成一個有趣的冒險、經歷。

已置身國外卻懷抱憤怒之眼看世界，風景會變質不好看，無論是拍攝的照片或寫出來的文字，很難會是好作品。所以我很少遇到愛記恨的旅人，至今也未曾看過一本抱怨世界有多爛的旅行書。他們大多能雲淡風輕看壞事，擁有一定程度的樂觀。

我也有東西被偷的經驗，但僅僅是一條內褲，目前未遺失過重要物品，因為已培養出門一定攜帶隨身背包的習慣，而且掛胸前；若帶大背包旅行，用餐時也習慣把腳伸入背包肩帶內，以防被扒走。

我曾經聽過有人在機場只是轉身打電話行李就被偷走，不過幾秒的時間而已。在國外搭計程車喝了司機提供的飲料，結果行李被偷，人被丟在路邊；被陌生人熱情邀約回家，結果被勒索，或者遇到假警察被威脅……

當然，我們也的確在新聞上看到，有人在國外酒吧被下藥，隔天醒來器官被摘除……不過這些是少數的特例，旅人在出發前做足功課、基本的自我保護意識，還是要有。

可是，當一切做好準備，卻還是遇到突發狀況時，如何不讓這些事情影響自己旅遊的心，相對重要。

旅行中常見的是買東西或搭車被敲詐，若小錢就當樂捐，大錢就全力爭取權益，除非現場有危害生命的可能。安全至上是很重要的，旅行是讓我們體驗，體驗到好事是快樂，壞事也不要糾結，壞了整趟旅行的美好回憶。

被世界碾壓後懂得應對與保持樂觀，絕對具備世界級的抗壓力，會讓我們對「不好」豁達，不會困在不好的事件中，作繭自縛。

”

只有完全接受壓力的存在，你才能真正戰勝它。

“

48 每一次的埋怨，都是殺死自己一次

若每一次的埋怨，都是把自己活埋殺死一次，你總共死過幾次？

我死過好幾百次，躺在名為埋怨的土壤裡望向世界，被那些能量狠狠喰食我那沒有靈魂、彷彿失去生命的軀體。看見比自己優秀的人，心想一定是有家世背景或天分，反正自己再努力也無用，不如等死，把嫉妒與怨恨合理化。

為什麼他成績總是比我好？

為什麼他人緣比我好？

為什麼他賺的比我多？

為什麼主管一直找我麻煩？

為什麼他可以不用工作，一直在旅行？

為什麼世界這麼不公平？

別人花時間努力，而我努力花時間活埋自己，知道這樣不好，但唯有這樣才能讓我好過。

現在了解為何以前經常感到疲累，原來心中有一把看不見的鏟子，每天都勤奮挖土，不停地挖，越深越好。

「一棵樹要長得更高，接受更多的光明，那它的根就必須更深入黑暗。」

與孤獨跟疾病奮鬥的哲學家尼采的這句話，像是久旱的甘霖，滴入我那埋怨的土壤中的軀殼，讓我的靈魂甦醒。

受夠了無止盡的不開心，受夠了厭倦，心中有一個聲音叫我「夠了」，於是我就「GO了」。我什麼都不想管，我就是離開這裡，把自己從土裡挖出來曬太陽，把屍氣晾乾。

當我人生第一次站在宏偉的吳哥窟前面，一股千年力量往我臉上打，瞬間打醒我，原來世界不是平面，不是死的，是活的。

漸漸有了「活著」的感覺後，我便開始好奇地球上還有哪些宏偉景色，要親眼驗證。

說誇張一點，當時旅行就是我的葉克膜，把我從重度心力衰竭中救活。被救活以後，心中有滾燙的力量，告訴我要認真做點什麼，連呼吸都變認真。

感受到活著後，開始想，世上是不是有很多人跟我一樣，躺在埋怨的土壤裡，只剩軀殼，漸漸乾枯。

那麼，我是不是也能給別人一些光，成為他們生命中的雨滴，喚回靈魂去面對自己。

當活人的日子也開始減少埋怨，因為知道把自己埋在土裡是什麼感覺。每停止一次埋怨，我彷彿再一次把自己從怨土裡救出來。

現在已經不問自己死過幾次，而是「總共救過自己幾次」。

你呢？我們一起把自己的靈魂喚醒，讓軀殼從埋怨的土裡離開吧！

「幸福是把靈魂安放在最適當的位置。」

——亞里斯多德（Aristotle）

49 負面的批評像是海嘯，無法預測只能預防

如果有天遭遇海嘯般的質疑與批評時，你有自信能不被吞噬並且存活下來嗎？以前我絕對會搖搖頭，祈禱可怕災害千萬別發生，因為我毫無準備。現在我會點點頭，以敬畏的心看待海嘯。若是真遇到，必須要立刻放下手邊事情，往高處跑並遠離海岸線；若來不及避難時，就找堅固物件牢牢抓緊，減少被沖走與受傷的機率。學會災害預防，就能有所準備。

因為質疑與批評的傷害力極強，毫無預防什麼都沒做，信心會瓦解，信了別人

的話，放任自己受傷，存活率當然不高。

我曾經有一些言論受到網友質疑與批評，最可怕的是認錯道歉還換來更多指責，說與不說都是被罵，一則又一則的惡意留言，一次又一次的傷害放大，怕自己從此黑掉。

網路的掌聲像是悠揚的海浪拍打聲，讓人安心，可以好好地往前，說著自己想說的話，覺得這一切很美好。

負面聲量則像海浪的反撲，在自己沒注意時，海嘯發生了，內心很無助、很焦慮，想著危機到底何時埋下、怎麼自己絲毫沒注意到，開始責備自己。

我嘗試放下手邊事情，往高處跑並遠離網路線、到郊山呼吸新鮮空氣、閱讀如何處理情緒的書籍、找人聊天訴苦，最後引以為戒，提醒自己日後要謹言慎行，前後花了一個月的時間調整情緒。

網路的海嘯讓我發現，即便我做了多少次的「光害練習」，當真的遇到時，不受傷、不難過，是不可能的。

這個經驗雖然不好，但對我很重要，未來就知道如何處理負面聲浪，看到有人被網友攻擊也會有同理心——畢竟曾經是受災戶。

因為經歷過這樣的事情，我說話會瞻前顧後，即使是我當下不盡然認同的事，我也會思考，背後或許有其他原因是我不明白的。

這樣的聲浪海嘯，我當然不希望再經歷一次，但會定期做災害預防演練，懂得保護自己，安定情緒。

會明白有時候自己要把話說清楚，不讓別人過度解讀的方式，就是不要輕易地說出自以為別人會理解的話。

不這麼做的原因是，受傷的通常是家人，因為家中只要有一個人不開心，全家人都不會開心。我不想僅靠祈禱，毫無準備地對抗批評海嘯。網路世代，不管是不是經營公開社群的人，都很有可能遇到這樣的海嘯。每個人心中都要有自己的防災演習。

遇到時，也不要慌，海嘯終究會過去，重要的是，你怎麼在那段時間試著平靜下來，轉移心情。

“一句惡意批評，會害人花一輩子去療傷。”

Chapter 6

你還記得第一次看世界的眼神嗎？

50 你還記得第一次看世界的眼神嗎？

據說母親對孩子的凝視是「深情的眼神交流」。

研究證實，同理心的培養需要面對面的眼神相接，特別是孩子，深情的眼神能促進大腦與情感有關的部位發育，缺少了眼神交流，小孩會有疏離感，缺乏同理心。

「這種眼神交流的時刻，在孩子的一生中會重複無數次。這種默契交流的瞬間，把人性最好的一面——即愛的能力，從一個世代傳給下一個世代。」

——丹尼爾．席格（美國精神醫學家）

眼神交流可以啟動更豐富的溝通模式，擴大人類運算各種訊號的能力，能夠解讀他人的意圖。

換句話說，如果出門看世界讓你找回愛人的能力與歸屬感，極有可能世界是你第二個母親，而你是她的孩子。

世界這位母親，可能是飛機窗外的開闊藍天、火車窗外的移動海岸線、帳篷外的高聳山景或步行在市區的日常小景。

所有的景色都是眼神交流，你望向景色，景色也望向你，在一生重複播放與時刻呼喚。

我永遠記得孩子第一次看到海洋，兩眼睜大讚嘆，臉上的豐富情感與喜悅的眼神溢於言表，可惜當時沒有錄下來。

還有自己第一次搭飛機置身天空的震撼，第一次主動和陌生人攀談，第一次站在壯觀景色前，第一次看世界的眼神。

反之，若太少出門，少了與世界的眼神交流，可能會產生疏離感，缺乏同理心，失去愛的能力。

我正是這種人，一陣子沒出去與世界交流，內心總有一股無法形容的疏離感，導致無法處理外界訊號，腦袋充斥雜訊。

曾經有人說我是因為討厭待在家，所以出走。

我認為不是，而是為了定期探望家人抽空回家，重溫母親的眼神交流與懷抱，讓自己成為有力量的人。

話說回來，你還記得第一次看世界的眼神嗎？

當覺得生活被困住，總是按照著別人的期望追逐時，試著找回當時最純粹的眼神。

”失去看世界的眼神，就失去靈魂。“

51 每個人都有兩個年齡

其實每個人都有兩個年齡，一個是實際年齡，另一個是不實際年齡。

實際年齡：凡事講求實際，跟著社會規範走，什麼年齡做什麼事，在學時就當好學生，認真讀書考試得高分；出社會當好員工，認真工作得高薪。

不實際年齡：又稱為不切實際或冒險年齡，不跟著社會規範走，不管什麼年齡想做什麼就立刻去做，在學時不認真讀書，跑去社會工作或創業；出社會後不當好上班族，跑出去打工度假或不務正業；有了一把年紀，卻喜歡放手賭一把，做與實際年齡不符的活動。

冒險年齡越大，越容易挑戰社會規範，讓旁人陷入緊張與不安的氣氛之中。

如果有七歲的孩子說想開飛機、八十歲的阿公說想去衝浪、一百零三歲的阿嬤說想去高空跳傘，你可能會覺得他們瘋了，難道不怕危險嗎？

並非不怕危險，而是你的冒險年齡還不夠大，看什麼都害怕。

有位想開飛機的孩子叫麥克，在父母的支持下，七歲第一次開飛機，十七歲完成「一個人開飛機環繞地球一圈」的壯舉，單飛環繞地球一共飛了兩百二十一個小時，航程達五萬四千公里，行經三十個國家。

這位比利時少年完成壯舉後，接受記者採訪說：「我以這趟飛行來彰顯年輕人可以有所作為，不必等到十八歲才做些特別的事。追隨夢想前進，最後將會實現，無論你現在幾歲。」

家住日本神奈川縣的佐野誠一，八十歲開始學衝浪，當時衝浪教練知道他的年齡後，比他更擔心，不確定是否能做到，甚至對他沒信心。後來，這位衝浪爺爺在八十九歲時，獲得金氏世界紀錄認證最高齡的衝浪者，接下來還考慮挑戰抱石運動。

來自瑞典的魯特·拉爾森，在一百零三歲創下年齡最大的雙人跳傘者（女性）世界紀錄，並育有五位子女、十九位孫兒和三十位曾孫。她在九十歲生日第一次體驗滑翔傘，之後便嘗試更多的空中冒險運動，在一百零一歲立下要打破雙人跳傘的世界紀錄，兩年後便實踐目標。

這群人喜歡挑戰不可能，冒險年齡一個比一個強大，反觀我還在學習長大。

如果你常常看到危險，試試看放下實際年齡，不要在家待太久，做個不太乖的人，放手讓冒險年齡成長茁壯，有天一定會成為迷人冒險家。

「很多人是三十歲就死了，到八十歲才埋葬。」

——本間久雄（ほんま ひさお）

52 體驗真實阻力，答案都在身體裡

至今，我所遭遇過最可怕的阻力，不是肉眼所見的考試被當或經濟壓力，而是看不見的情緒阻力。

比如我想做一件事，現實上卻不允許，有了被阻擋的感受後，彷彿地上冒出許多看不見的手拉住我，讓身體動彈不得，煩惱加重。

真實世界並沒有一個人真的拉住我，以科學家的角度來說，真實阻力為零，但虛擬的情緒阻力如千人拉力。

以前我習慣關在房間滑手機紓解情緒阻力，常常以失敗告終，累積更多負能量，被壓得喘不過氣，甚至開始憤世嫉俗。

有次終於受不了，把自己丟到郊山，剛起步時腦袋還在喘，直到爬上一層又一層的階梯，體力逐漸無法負荷，停在原地喘氣休息，同時遇見和我一樣的登山新手，扶著欄杆休息喝水，等到呼吸順暢再繼續前進。

一路上看到體力透支並努力對抗身體阻力的人，鮮少遇見有人坐在原地煩惱，批評山太高或怒罵體力差，大多冷靜休息，接受身體的不適以及山的高度，調整好呼吸節奏後，最後成功登頂，欣賞用汗水灌溉的風景。

有時候我會把這樣的方式，雖然是「出走」但也當作是一種「暫停」；當你不想往前跑了，當你覺得好疲累，好想大哭一場卻哭不出來，我會用汗水代替淚水，用登高代替暫停，因為終究有疲累喘息的時候，那時你看看其他還在移動的人，是的，人生不是馬拉松，你當然可以隨時喊停，再繼續跑下去。

「身體」是智者，知道如何用溫柔的方式處理阻力，不會讓主人陷入焦慮腦袋當機，更像是一隻手撐住千斤煩惱，教主人如何冷靜休息，如何接受身體的不適以及生活高度，只要找到呼吸與腳步節奏，持續往高處爬，一定不會走到地下室。

你不可能放著身體不動，讓心靈沉陷泥沼。暫停有時是暫時放下心裡的困擾，但交由肉體去感知。

最棒的是站在高處欣賞風景，情緒能量會釋放與吸收，思維開始呼吸順暢，幫助腦袋變清晰。

日後又有被阻擋的感受，我會破門而出去散步、騎車或爬山，感受真實的阻力，因為答案不在房間或手機，都在身體裡。

憤世嫉俗是一種詛咒，會害人失去幸運。

53 所有的任性，都含有韌性成分

不顧一切去冒險，這種任性行為真的好嗎？

直到現在我也不確定，唯一能確定的是任性含有「韌性」成分，可以培養不屈不撓的態度，是一種運動家精神，面對人生這條長路特別有幫助。

因為現實生活沒想像中容易，充滿無法預期的挫折與阻擋，韌性可以讓人風雨無阻也要前進。

冒險不代表就是任性，因為事前的溝通、規劃，尋求周遭人的理解，那就是個很重要的過程；比起來，什麼改變都不想做，就是讓負面情緒攻擊自己、怨天尤人、不試著讓自己快樂，反而才是一種任性。

因為，不想去珍惜活在這世上的每一天，任時間匆匆流去，以為生命只能如此。

曾經有一位嚮往獨自出國旅行的讀者來信，因為身體疾病，家人們不支持，連醫師也阻止，他花了很長的時間跟醫生溝通，跟家裡訴說，對於生病不知何時結束的他，也許在旁人眼中是不顧健康的任性出走，但這是他想要好好面對自己、想跟世界有著美好回憶的願望。

最後，他說服了家人跟醫師拿了標靶藥（抗癌藥物），按照自己的心願出走，後來在路上發現世界的美好，有了第一次經驗，以後還要去更多地方。

他說疾病已無法擊倒他，因為看世界比看病重要。

別人眼中的任性強化了他生命的韌性，有信心戰勝病魔與心魔，是一位有冒險信仰的驅魔人。

有時候，曾經自由慣了的我，也會不顧一切都要去做想做的事，想旅行、想寫書、想做點不一樣的事，常常讓家人頭痛。

那時也會有一點任性地想著，有沒有可能，家人頭痛是因為身體出狀況，不是因為我？

再說下去，就真的太任性了。

但有時候，我們就是會想要稍微有一點正向任性，想出去走走，想暫時一個人，這樣，我們才能對更多事情上心，不埋在負面的土壤裡。

”

愛亂跑的人常受傷，這很正常，享受奔跑的人本來就容易跌倒。

“

54 生活變得漫無目的怎麼辦？

如果在路上隨機問一位年輕人：「生活的目的在哪裡？」他可能會開始沉思並困惑，不確定自己要什麼。此時若改問「想去什麼地方看看」，應該可以馬上回答。

每當去學校演講時，在現場問旅行「目的」氣氛會變沉重，改問旅行「目的地」會變歡樂，大家臉上有笑容，可以馬上回答。

「目的」會讓思路過度放大而模糊，腦袋開始起霧，迷失了方向。

「目的地」會一直在那，不會亂動或躲起來，目標清晰可見，會幫助思路變清楚，知道自己要往哪個方向。

在都市生活，要為了各種目標與人際關係而努力，不得不多做一點、多想一點，有時還要防止遭人算計，疑神疑鬼，日子沒想像中簡單，會害人迷惘，看什麼都不清楚。

目前我所遇過的都市人與旅行者，前者的迷惘人數遠超過後者。

不信的話，你去機場問任何一個手上有護照與機票的人，所有人的機票上肯定有明確目的地，否則也無法登機，即使不知道去了目的地之後要幹嘛，依然眼神明亮，有一個明確方向指引，跟著飛機向前飛。

至今我還沒搭過一台可以向後飛的班機。

無法前進的時候，我被各種「漫無目的」困擾過。

在職場時質疑自己為何要漫無目的工作，從事一份工作，又像沒從事這份工作。在旅行時質疑自己為何要漫無目的旅行，到了一個地方，又像沒到過這個地方。

現在懂了，原來是我個性急，看到像目標的東西就亂衝，經常換來一場空。所以老天爺要我「慢」與「無目的」，先慢下來，然後毫無目的去做一件事或到一個地方，最後這件事或地方會變成一位智者陪我聊天。

話說回來，生活漫無目的，也不知道該去哪個地方，心中也有空缺的感覺，怎麼辦？

介紹你一個魔法：上網挑一張便宜機票或車票，票根上「目的地」會引領你，陪你看到人生「目的」。

我相信在路上「前進的感覺」會填補空缺。

”

別讓日子變成，時間一直在前進，而你一直在後退。

“

55 學校是一間旅行社

一位學生來信問：「該不該休學去旅行？」

我說當然要去旅行，但休學可以再考慮一下。因為學校是一間旅行社，為學生舉辦環遊世界說明會。

在學校有專人介紹世界知名景點，學會各種旅行技能，還能學習如何賺旅費。

同學相處：可以教你如何適應陌生環境與認識陌生人，學會找到對的朋友，遠離不適合的人，當你學會交朋友，沙發衝浪（免費借宿，但需會費）全世界不是問題。

地理與歷史課：由老師解說世界上知名景點與地理樣貌，再搭配歷史故事與脈絡，介紹世界史。

自然課：可以認識自然生態樣貌、地球環境的變化，站在「世界自然遺產」景點前面，你會比別人更專業。

國文課：教你如何閱讀，在旅行路上打發無聊，若學會寫作，可以經營社群媒體記錄旅行故事，集結成書，出版賺旅費（但不多就是了）。

英文課：教你如何與外國人溝通，幫助你在機場或邊境順利通關、聽外國人說故事、在背包客棧認識異國朋友，最重要的是可以看懂菜單、餵飽自己。學會大膽說英文，和地球一半以上的人溝通不成問題，如果真的學不會，還有更多外語等著你。

數學課：幫助規劃與計算旅費，雖然很多數學公式生活用中不到，至少不要討厭數字，對數字保有敏銳度，可以幫助存下更多旅費。

下課後：成為自己的主人，去蒐集各國資料，閱讀旅行書籍，聽演講認識背包客講師，利用寒暑假去旅行。

可以討厭學校與考試，但別討厭學習，學習可以讓人走到更遙遠的世界，停止學習就是戳瞎自己的雙眼看世界。

好消息來了，即使你是全校最後一名，照樣準時出發。因為凡參加世界旅行說明會的人，一律出團，靈魂是最佳導遊，帶領你看世界。

想要出走，但父母說「不行」，
要點頭謝謝轉身就走，因為他叫你「步行」。
不能出國，就先出去走走。

56 假如「世界」是一個集團，我們都是其中的員工

剛出社會那一年，因為喜歡閱讀，花了幾個星期在網路上找出版社業務職缺，履歷投了數十間後，在家坐立難安等通知，等了一陣子無消息，恨不得立刻打電話逼問結果。

過了幾星期，終於等到一間公司的面試通知，短暫開心後迎接真正的面試挑戰。面試當天穿著和父親借來的西裝，用緊張的心一一破解主管們的魔鬼提問，戰戰兢兢地回答，半小結束後回家等通知。

隔了一星期接到公司的入職報到來電，掛完電話後，想大聲尖叫讓全世界都知

道——我終於得到人生第一份工作了！

我永遠記得求職的初戀。上班第一天拿到新鮮出爐的員工識別證，心想終於被社會認證，自我認同感大增，內心充滿正能量，第一次有「成為人生勝利組」的感覺。

然而入職後發現「喜歡書」和「喜歡賣書」不一樣，自己不適合這份工作。做了一星期就離職，正能量維持不到七天，之後便遭遇求職撞牆期，除了不知道自己可以從事什麼工作，開始四處亂投履歷，也怕找到下一份工作後，自己又撐不過七天。

幾個月過去，自我認同感持續流失，覺得不被社會認同。失去工作後，彷彿也失去身體一部分的重要器官。

對出社會後的人來說，看到身旁人統統有正職而自己沒有，此時還能樂觀的人，大概有宗教力量加持，否則一般人難以保有自我認同感。

也就是說，無工作就無認同感。於是胡亂找工作，想抓住一根浮木，卻發現自己每天只是在重複一樣的事情，沒有快樂，到最後也不知道什麼是不快樂。

遇到猶豫是否該離職看世界的上班族，和沒薪水相比，大家更擔憂沒工作所帶來的無認同感，怕自己是遊手好閒的人，最後一無所有，而遲遲無法做決定。

因為只是想要符合社會期待，反而忘記自己的本心，只是困在「害怕沒工作」跟「不想被離職」的狀況糾纏，無法前進，也無法後退。

我這裡有一個兩全其美的點子，不必離職又可以滿足想看世界的想法。把冒險當成一個職缺，你的工作，是「世界」這個集團裡，冒險部門派給你的專案。

有時，當你換了一個新方向，只是改了另一個專案，不是「離職」當無業遊民，你換的新職務雖然無薪資或不穩定，但可以培養獨立自主、開闊心態與視野、結識不同文化的人、擁有跨文化與跨界的能力，這可是一間真正的「世界級跨國集團」。

這份新職務會幫助你接到更多有趣的專案，是一個大跳板，足以讓人跳到另一個星球的彈力板。

因為你在世界集團裡的「冒險部門」就職了，去找任何工作時，都像是從冒險部門開啟的專案，去新的公司服務，抱持著這樣的心情，在喜歡的工作遇到困難時，就會揚起挑戰的心，而不是無助、挫敗。

因為你在世界集團就職了，所以旅行也是部門工作的一部分，不是好逸惡勞、而是去感受、去進修，回來可以幫冒險部門爭取更多更好的成績。

我也用這樣的心情看待寫作，因為我是被冒險部門外派去從事寫作的，我負責的專案是創作，所以無論創作能量高低起伏，秉持著世界集團員工的心，我就會永遠對這個專案有熱情。

看過一則有趣的故事——

一位渴望射箭百發百中的獵人，在森林裡探索時發現許多樹上都掛著箭靶，獵人驚訝地看到所有的箭靶上，所有的箭竟然都命中靶心。

他非常好奇是誰有如此完美的射箭技術，於是四處找尋射箭的人。

終於找到了射手後，急忙詢問：

「請問你射箭的祕訣是什麼，要如何才能跟你一樣呢？」

「非常簡單，」射手接著說：「我先射箭，再畫靶心。」

成為冒險部門一分子的祕訣是什麼？

非常簡單。

先把自己射出去，再畫上一個冒險記號。

你就是一位百發百中的冒險獵人、也是最佳員工。

把工作當世界集團提供給你專案，你就是冒險部門的一分子，世界上沒有一份工作會難倒你。

當把事情轉換成是生活的探險跟樂趣，履歷表就是你的箭、得到的那份工作就是你的靶心。而這些都只是你的正職——世界集團派給你去爭取的專案而已。

這份正職，只需把信念履歷表填好寄出，不用好學歷或好成績，也不必魔鬼面試與等通知，保證直接錄取。

很吸引人對吧？冒險部門的職缺還很多，隨時等你投履歷。

我們一起當同事。

一起去開發更多有趣的專案，填補生命的色彩。

"

我遇過很多後悔沒去冒險的人，卻從來沒遇過冒險完感到後悔的人。

"

57 我不是工作者，而是守護者

《曠野的聲音》一書描述澳洲中部沙漠裡有一個原住民部落，族人深信每個人都有自己擅長的事，他們不以「工作」為稱，而是「守護者」。分類上有藥物、音樂、故事、祕密、記憶、食物等等，各種守護者為自己的才能和提供的服務感到驕傲，族人們也感激彼此。

「祕密守護者」傾聽族人心事，任何人想談什麼事、發洩什麼，只要他想把放在心中的話講出來，守護者都願意在旁聆聽並且不提供意見，也不做評論。

「記憶守護者」是部落檔案的保管人，會在洞窟牆上繪製壁畫，描述一整年發生的大事，比如出生、死亡和戰爭。

一年之中每一位族人都會被特別表揚，目的不在慶生，而是肯定這個人的才能、對群體的貢獻、心靈上的成熟，他們不慶祝年歲的增長，而是心智的成長。

當時讀到這故事時，腦袋瞬間被敲醒，因為看待「工作」二字，我從來只視為付出，該做什麼和不能做什麼，不然就是為他人或生活而努力。還是第一次看到做一件事可以稱作「守護者」，我便思索自己擁有何種才能的守護者身分。

金錢守護者？家庭守護者？旅行信念守護者？粉絲專頁守護者？

一時沒答案，我改問自己：「接下來十年，我最想守護何種才能？」

如果用守護來思考時，對於在世界集團的角色跟責任，是不是可以更愉悅地面對？這樣身為冒險部門永久員工的我，是否能更享受這一切？

腦中只浮現「寫故事」，大概是說故事和記憶守護者的合體，但故事可以給予別人什麼呢？

我比較貪心，我想寫工作、家庭、旅行、創作故事、冒險故事、甚至不冒險故事（不想冒險不想動時，我們該怎麼做），我想寫到斷氣那刻，即使得重病躺在病床上還是要繼續寫，如此可貴（醫療費）的題材當然要珍惜。

若下次有新朋友問我從事什麼工作，我要抬頭挺胸告訴對方：「我做的不是工作，我是守護者，『寫故事守護者』。」

然後每年安排一天表揚自己，肯定自己的能力、期許下一年心智要更加成長。守護著自己想要做的事情，守護著那些覺得這十年想要努力的事，這樣，或許就不會變成日復一日，只是在單純付出，甚至像石頭丟入水裡卻沒有漣漪那樣枉然。

若你正在努力做一件事，可是領到薪水卻沒有喜悅、無法自我肯定，也看不到未來的路，困惑於所謂「工作」的意義。

不如改問自己：「接下來十年，最想守護何種才能？」

當你腦中浮現答案，接著再給予自己一個守護者角色，以後安排時間表揚並肯定自己。

未來的日子裡，你再也無需害怕工作大魔王，因為已經跳脫「工作者」束縛，你正式獲得新身分——「守護者」。

請為自己的才能和提供的服務感到驕傲。

謝謝你加入守護族，從此我們就是同族的一家人。

我們的心靈名片就是：

世界集團
冒險部
○○守護者

”

工作者得到金錢收入，守護者得到心靈收穫。

“

Chapter 7

花時間和自我相處，是生命中最重要的投資

58 一個人旅行就是大人版的冒險遊戲

想擁有冒險家的自信，成為勇於探索世界的人嗎？

如果想，卻不知從何下手，可以先聽聽挪威心理與教育學家艾琳・桑德斯特（Ellen Sandseter）怎麼說：

孩子在成長過程中要體驗七大冒險遊戲，可藉此形塑冒險家性格。

一、**探索高度**：高度能激起對恐懼的知覺。

二、**拿危險的玩具**：如鋒利的剪刀或沉重的錘子，要學習去掌控它們。

三、接近危險的地方：如池塘、海邊和火，鍛鍊孩子對環境危險的敏銳度。

四、混打遊戲：如摔跤、玩樂性打鬥，學會處理攻擊與合作。

五、速度：騎自行車或滑冰，培養對速度的敏銳度。

六、迷路和尋找方向：迷路和探索未知領域的感受是類似的。

七、一個人獨處：創造與自我對話的空間。

這七大冒險遊戲，有沒有似曾相識的感覺？

搭飛機探索高度、揹上即將一同面對危險的背包、去刺激的地方探險、和當地人打交道、搭不同速度的交通工具、迷路與尋路、在路上和自我對話。

一個人旅行就是大人版的冒險遊戲。

一路上的新體驗會幫助找回知覺、重拾人生掌控權、看見危險的界線、懂得與社會打交道、提升對世界運轉速度的高敏銳、方向感變好、不再害怕獨處。

外面世界的美好與不好，全會化為成長養分。

一個人的旅行不代表要去很危險的地方，你可以自己去都市走走逛逛，只是看看當自己迷路時、吃到美食時，跟其他旅人互動，或跟當地的朋友見面時，會有什麼感觸。

每座城市都有自己的性格，每去一座城市生活，就能體驗一個新性格，一個新性格可以決定一個新命運。

那些探索也會讓你發掘不同的自己，是你跟自己相處時，才會有的經歷。試一次之後就會知道喜不喜歡，愛上，很不錯，我們以後繼續；發現沒辦法（像我妻子就是）那也更認識自己，下次去找三五好友，或家人同行，更會享受大家一起的樂趣。

若不小心被世界撞倒，遇到旅行上不開心的事情，請把握機會練習扶住自己；

被惡意對待時，可以生氣與難過，但別被憤怒玩弄，成為惡意的同夥。

在獨自面對的過程中，世界是惡意還是善意、危險還是美麗、狹窄還是寬闊，要靠雙腳去丈量。

因為丈量是冒險的眼睛，冒險是丈量的靈魂。

試一次獨自旅行看看，回來後，或許會誕生不同的自信與勇氣。

一個人知道自己為什麼而活，就可以忍受任何一種生活。」

——尼采（德國哲學家）

59 想來一趟旅行，但錢不夠怎麼辦？

我常常在演講時實驗性地問大家：「當你想要環遊世界，什麼東西最重要？」

結果往往得到「錢、錢、錢」各種錢聲。

很少有人第一時間帥氣舉手說：「勇氣」或「好奇心」。

如果有，應該是家裡不缺錢，這種特別個案先放一邊。

多數人的煩惱是「好想來一趟旅行，但錢不夠」。

這題的答案看似就二個：「努力存錢」或「努力借錢」。

但我這裡有第三個，而且可以幫人馬上出發，無需等到錢夠才能行動。

就是「交換」。

讓錢回到貨幣的起源，在原始社會，人們使用物品作為交換媒介，例如穀物、家畜、貝殼等，這些被用來代表價值並作為支付方式。

想去一個地方，但沒錢住宿，該優先解決的是「住宿」並非「錢」。我在二十多歲時想去綠島住一星期，身上現款只夠交通費，於是寫信給在綠島開旅社的老闆，希望能以工換宿，幫忙打雜，這一間失敗就換下一間，試了七間後成功。

想去一個地方，但沒錢吃飯，先解決「吃飯」並非「錢」，有一位朋友旅行時錢花光，就選一間喜歡的餐廳，然後問老闆可否以工換餐，幫忙洗碗或拖地，最後成功。

想去一個地方，但沒錢買旅行裝備，先解決「裝備」並非「錢」，若缺少背包、登山鞋或單眼相機，就找「背包合作社」借背包，寫信給戶外用品店或相機店，希望能以工換設備、提供折扣或是廣告交換，在社群媒體寫體驗文，這種方式討喜受歡迎。

給產品和給錢，如果你是廠商老闆會給哪一個？

有一個最不可思議的交換故事，一位加拿大的失業青年凱爾，好奇用一根紅色迴紋針去換東西可以換到什麼，接著在部落格發起交換計畫。

首先迴紋針換到魚形鉛筆、鉛筆換門把、門把換到露營火爐、露營火爐再換成發電機、發電機換到雪地摩托車，前後共歷時一年、十四次交換後，你猜最後換到什麼？

「一棟房子」！

加拿大吉普林鎮有一位鎮長，用一棟兩層樓的房子和他換電影角色的權利，當地人還特別打造全世界最大迴紋針紀念碑，紀念一連串的以物易物、越換越大的行動。

一位失業青年用一個好奇心換到一棟房子，與他交換過的人也因此感到開心，凱爾更換到信心。

話說回來，一定有人會問：「為何不直接工作賺錢，等錢存夠再去旅行？」有些人就是等不及和世界見面啊，我正是這種人。

當然也是有許多人一邊工作一邊交換所需，大家各求所需。

若還是需要啟動資金才能出發，就寫信給老師、公司主管、公司企業、看起來資金充裕的人，詢問是否能以作品，例如寫故事、拍影片或風景照片等交換資金，某程度來說旅行就像創業，除了要認真經營還要找到對的投資人。

把熱情換成一種強勢貨幣，別人拿到你的熱情，而你換到他們的投資。

願意行動，身旁就是等著投資你的天使；不行動，身旁就是等著看笑話的人。

這本書出版後，我也想發起「一條橡皮筋」計畫，好奇最後會交換到什麼。

”

若眼裡只有錢，往往會變成不是真正的自己。

“

60 花時間和自我相處，是生命中最重要的投資

從國小五年級開始自己走路去上學，高中和大學搭長程車跨縣市讀書，大學住校，當兵一年只回家一次，不會依賴父母特別想家，不會麻煩任何人，無論身處何種陌生環境都能快速適應，不會感到恐懼。

曾經我以為這些經驗幫助獨立，後來意識到是孤立，加速孤獨。

有人這麼解釋：「孤獨會帶來空虛、焦慮與憂鬱等不良情緒體驗，往往是一種不願意但無法避免的被動狀態。」

有一個方法可以判斷自己是獨立或孤獨，看自我和陰影的距離，獨立的人會遠離陰影，孤獨則是接近……

以前的我看似活潑樂觀，其實那只是在逼迫自己假裝融入，結束一個熱鬧場合回到安靜房間，隨之而來的空虛感，自己像身陷一個無形的陰影黑洞。

即使後來可以一個人搭飛機、搭上要坐三十多小時的火車、主動和陌生人交談，也是花了好幾個月的時間與大量自我對話，與世界的獨白，才漸漸有遠離陰影的獨立能力。

在路上有了獨立的感覺後，可以探索出自我與世界的距離，摸索出界線，有了一條界線，就知道何時該前進與後退，心中有個底，不再是無底洞，不會一腳踩空。

如果問我：「生命中最重要的投資是什麼？」

是花了一段時間和自我相處。

如果沒有那一筆時間投資，我現在應該無法與生活和平相處，無法自我對話，只有代溝，最後當一個凡事自己來但意志消沉的人。

我應該會成為戴上「合群面具」的人，表面上很習慣生活在日常裡，但內心的空洞，讓我困在埋怨土壤中，拿下面具時，我只是一具乾屍。

這筆投資不一定對所有人都好，但對我很重要。

反過來說，別人覺得重要的東西，不一定對我好。

去探索何謂「對自己重要」，到後來我發現是最好的無價之寶。

在獨處的過程中去思考喜歡一個人、還是喜歡一起。

把自己抽離出每日彷彿如倉鼠跑滾輪一樣，一直轉不停的狀況，才能去真正找到答案。

自我獨處，幫助我能真正獨立思考，遠離孤獨苦惱。

想讓思緒深呼吸，不受人支配並且當一個完整的人。

如果你也有這個困擾，請大膽投資自己，體驗獨處的美好，投資後所獲得的收益，一生受益。

> 好好與自己獨處，就能好好把世界看清楚。

61 約束是拿來挑戰，不是拿來綁住自己

年輕時覺得「做自己」只有一種，就是不管任何社會約束，拋下一切包袱去做喜歡的事，拒絕受限。

以前我們家每天晚餐是各吃各的，大家打點好自己的日常，逢年過節可能會相聚一下，要獨自來去是不會有人說這樣有什麼問題，只要記得照顧家裡，就算二十幾歲時不告而別、獨自去闖天涯，也沒人可以攔著我。

然而這幾年成家立業後，從一開始覺得，還是可以不管社會約束，到成為父親在照顧孩子、和妻子相處的過程中去理解所謂「家」的意義。

妻子是每天在孩子下課後，就會開始準備晚餐的人，無論她前天有多忙、工作或者是跟朋友聚會晚了，她就是會早上去市場買菜，然後每日準備一桌菜的人。回家吃飯、一起吃飯，對她來說是很重要的。

所以婚前我那種收拾好行李就走，晚上想吃什麼在夜市隨便買買這樣的行為，對她來說是不可思議，也不可能。

家不是這樣的，家有愛，也有約束，在嘗試其他事情時，如果不是要一起，就是要溝通。

於是我發現，有第二種選項，在社會約束、家庭的責任與愛下，盡極大可能地做自己，接受限制但不屈服，在約束裡不受約束。

結婚十年後，孩子也上了小學，現在我偏好第二種，因為難度更高並且更有挑戰性，比如一個人去旅行和帶一個小孩去旅行，哪個比較有挑戰性？

當我想通後，更確定選難度更高的，像是帶小孩去搭便車環島、跟全家去各地遊玩、到台灣外縣市鄉鎮旅居一個月，挑戰彼此的差異，創造共同的回憶，挑戰完的啟發，是再也沒有什麼事情可以約束我，正式從約束裡掙脫。

這幾年突然想在台灣徒步環島，可是一想到可能會一個月的時間不在家、小孩不一定想跟、另一半不一定樂見，湧現各種受限感，甚至有不顧一切去做的念頭閃現。

可是這樣又走回頭路，便靈機一動，有沒有可能「分段徒步環島」，規劃每星期走一小段，加總後一樣是環島，實踐機率也提高。

有了這個點子，思緒跟著有彈性，少了以前的強硬，等未來時機成熟，再送自己一個月去其他國家環島。

自從有了和「約束」打交道的經驗，生活中的限制反而不這麼嚇人，甚至有點迷人，就像搭飛機看窗外風景，在窗框的限制下，還是能看到迷人風景，不用非得破窗跳機風景才好看。

說了這麼多，如果你就是拒絕社會約束，想拋下一切包袱去做喜歡的事，那就去做，因為你的生命正年輕，當然要去體驗從飛機上高空跳傘看風景，即使簽意外切結書也無法阻攔你，真正刺激一次，可以刺激出真正的自己。

”自由需要約束，約束也需要自由。“

62 每個新體驗都是一個三稜鏡，可以讓人看見靈魂光譜

一六六六年，有人做了將一束太陽光經一塊三角形玻璃稜鏡折射的實驗，接著牆上分布成紅、橙、黃、綠、藍、靛、紫的七彩光帶，他再倒放一個三稜鏡於第一個三稜鏡後面，各顏色又重新組合成為一束白光，即是有名的「三稜鏡光散射實驗」。

此人正是牛頓，把光區分為七彩，為了使色彩數能與西方音階中的七音符相符，而命名為「光譜」，光的樂譜。看起來沒什麼的靈光一閃，其實蘊藏七彩顏色，嘗試一個新體驗就能看見靈魂光譜。

有了靈魂光譜就可以把目標看得更清楚，知道人生該往哪走。

史上首位飛越大西洋的女飛行員愛蜜莉亞．艾爾哈特（Amelia Earhart）年輕時嚮往讀醫學，希望未來從事相關工作，考上醫學系讀了數個月後才發現自己根本不適合當醫師，因為一想到以後要和病人面對面相處，自覺無法應對，讀不滿一年就休學。

休學的日子無事可做，她想起以前被天空上的飛機吸引，拉著父親去加州長灘觀看一場飛機競賽，看完比賽覺得內心有股力量隱隱要起飛。當天有體驗飛行活動，她立刻付錢搭上飛機坐在後座，第一次身體遠離地面，十分鐘的飛行體驗，從此決定她的一生，感受到這輩子注定要飛行，無論如何都要開飛機。

當時身處一九二〇年，女人學開飛機會被投以異樣眼光，而且沒有一間正規飛行學校，大多是空軍軍人退伍後開班授課。父親原以為女兒對飛機只有一點興趣，也不打算借錢讓她報名飛行課，因為當時的商業航空還不興盛，開飛機很危險，更何況餵不飽肚子，沒想到她仍然一頭栽入其中。

她不顧眾人勸阻，想要大膽冒險一次，便出門工作存學費。學了半年終於可以獨自開飛機，飛行夢正式起航，知道天空是她的歸屬。此後成為首位飛行橫跨美國的女性、首位單獨飛越大西洋的女性、首位獲得十字飛行榮譽勳章的女性。

愛蜜莉亞跑去讀醫學系才知道自己不適合，靈魂光線經過第一個三稜鏡折射到第二個，從搭飛機的體驗看見光譜，找到人生目標。

每個人需要的折射次數與角度不同，有人要大折，有人要小折，我折射十多次，高中重考、大學想休學但沒做到、考研究所的補習班補到一半就放棄、換了好幾份工作、離職旅行、寫書，各種光線混合折射後才看見自己的光譜。我永遠記得確定往後的日子都要寫書說故事時，那種找到歸屬的安定感。

若你感覺生活看不清楚目標，不知道人生該往哪走，可以嘗試一個新體驗，參加一個新社團、報名一個從未體驗的活動、來一趟說走就走的小旅行、讀一本朋友推薦的書、從事一項從未做過的運動、改變一樣舊習慣。

任何一個新體驗都是一個三稜鏡，可以讓你看見靈魂光譜。

"想知道自己是否已找到靈魂光譜，就問自己眼前正在做的事，是否想花一輩子的時間和它相處，並作為一生的歸宿。"

63 放手衝一次，驅動力可以使用十年

遇到一位三十歲的年輕人，在外商公司工作，有一份不錯的薪水，但少了一股生活動力，覺得自己被「三十歲」卡住，停滯不前，問我該如何跨越。

我推薦他一種燃料，只要用一次就可以獲得十年份的生活驅動力。我稱做「衝」燃料。

所謂的衝燃料，是衝去做埋藏在心中未完成的事，完成後就能獲得十年份的生活動力。

二十多歲時為了符合社會期待，我努力做了一些事，一份又一份地換工作、讓自己融入群眾，常常一起聚會、笑鬧，遇到了很好的老闆，卻還是無法真心喜歡這份工作；我做了很多事情以為對自己好，到頭來才發現並不好，原來從大學時期萌芽，想要看世界的心願一直被隱藏。

畢業後才看見社會有多大、自己有多膽小，生活越活越苦悶，下班後沒探索世界的動力，別人是提早卡位，我是卡住。

壓抑了幾年之後，不知道自己到底還能做什麼，開始厭惡無奈的自己，再也看不下去，最後衝去看世界，像一塊海綿不斷吸世界的養分，補充腦袋流失掉的活力。

我因此看見自己是一個需要探索、並且讓好奇心被滿足的人，那一次衝去看世界，距離現在已十一年，現在依然能感受那股衝勁的滾燙溫度。

所以現在，只要遇到卡住的人，我都會問對方：「心中有未完成的事嗎？」我想知道，是不是在成長過程中，有著曾經萌芽，但又被自己放在「不可能」那個抽屜裡的願望。

如果他回答「有」。

我會說：「衝一次啊！去做。」

如果他回答「沒有」。

我還是會說：「衝一次啊！去找點事來做。」

我喜歡到處幫人填「衝」燃料。

現在我心底有很多燃料庫存，想徒步和單車環島、想騎機車環遊東南亞、想從沖繩一路搭船跳島去北海道、想去走熊野古道、想爬富士山，我知道只要衝去做一次，就能獲得十倍生活動力。

如此高效能的人生投資，當然要和你分享。

放手衝一次，驅動力可以使用十年。

覺得沒有燃料了，覺得乏味了，找出你的「衝」燃料，它沒有不見，它源源不絕，只是被你忘了。

“人生沒有幾歲關卡的問題，只有動力燃料不足的問題。”

64 以前追尋生活好，現在學習與生活和好

終於寫到最後一篇，我來說最後一個故事。

我身旁有許多旅行狂熱者，以看世界為終生職業，他們的人生幾乎一半以上時間都在國外，經常在網路上分享異國奇照與奇事，可以上午訂機票、下午就出發，一個人自由自在地遊走。

曾有人開玩笑說佩服我受困的日子，換做是他們絕對活不下去。

因為羨慕他們的生活，所以有一陣子感到苦悶，也覺得自己無法再寫冒險或旅

行相關文章，要寫也是真正在旅行的人去寫，我根本沒資格，靈魂停滯不前。

經過幾年的意志消沉，直到遇見一位拿著我舊作的讀者，希望我題字，幫他精神喊話，當下很心虛，一位消沉的作者竟然要幫人精神喊話。題好字後，我把書遞回時看著他臉上充滿信心，接下來有力量去做點什麼事，那股力量彷彿也灌輸給我，自己也應該要開始行動做改變，接下來我又開始冒險了。

冒險究竟是什麼？從我拋下一切旅行回來，到成為父親，是我這幾年一直在思索的事情。《人生，不只是一場馬拉松》這個書名，跟我原先想定調的冒險不同，但是編輯同事們看完之後，說這是分別在三十幾歲、四十幾歲的他們，閱讀完最深的感觸。

人生的確不是一場馬拉松，但或許，就是冒險部門裡的終生使命。

當你進入這個世界集團，年資一年的冒險專案，跟三十年會絕對不一樣。

而且，只要活著，我們都沒有退休年限，不然你看看前面故事裡那些，八九十歲還在冒險的前輩們。

發現冒險的真諦跟不同階段的意義，說不定就是我的人生使命，可以鼓舞意志消沉的人出門走走，去看世界這片森林，去吸取養分，補充與生活打架所消耗的能量，走在與自我和好的路上。

我與生活和好後，回頭再看身旁的旅行狂熱者，這次看到的是一群信仰者，他有他的信仰，而我有我的，我應該要和他們一樣為信仰而努力，不是努力成為他們。

我無法自由自在地遊走看風景，但我可以住在風景裡，自由自在地看自己。以前追尋生活好，現在學習與生活和好。

人生，不只是一場馬拉松，你可以選擇冒險、暫停，或者只是大哭一場都好。

不管怎樣，別忘了，與真正的自己，並肩同行，停停走走都好。

”

世界上最好看的風景是「與自己和好」。

“

附錄：

生活提醒錦囊，覺得卡住時，看看哪句最打中你的心

- ▼改變世界最快的方法，就是改變對世界的看法。
- ▼走路環島三十天所獲得的經驗，不輸工作三十年。
- ▼世界是一面鏡子，看到的每一個畫面，都有自己的影子。
- ▼做人天真點，有天真的會站在風景裡。
- ▼冒險的祕訣是，用得越多，就擁有越多。
- ▼我選擇猶豫，猶豫就會選擇我。

▼渴望離開的人，受的傷最重。

▼「猶豫」像硫酸，會腐蝕「決心」。

▼路上沒有陌生人，只有還沒認識的新朋友。

▼出門呼吸新鮮空氣，會有新鮮運氣。

▼做人要灑脫，不要傻拖。

▼好奇心比勇氣更能克服恐懼。

▼年輕時充滿理想的「優」先順序，長大後變成「憂」先順序。

▼走十小時和原地站十小時，後者更辛苦。

▼不要去算跌倒幾次，而是要算站起來幾次。

▼出門感受巨大差異，讓自己變思想巨人。

▼是工作在折磨我，還是我在折磨工作？

▼眼睛是靈魂之窗，壯遊是為了壯大靈魂。

▼有具體的目標，才會有具體的改變。

▼別人覺得重要的東西不代表對我有用。

▼能「解決」問題的人是高智商，能「重新定義」問題的人是高智慧。

▼勇氣像複利，存越久越多，對自己越有利。

▼害人越變越重的不是熱量，是生活。

▼恐懼如同救生衣，可以防止溺水，但不脫掉就永遠無法探索深海的美景。

Life 006
人生，不只是一場馬拉松

作　　者：藍白拖
編　　輯：賀郁文、黃禹舜
校　　稿：林芝、李映青
裝幀設計：Dinner Illustration
內頁排版：陳佩君

內容行銷經理：呂嘉羽
行銷顧問：王櫻憓
業務主任：楊善婷

副 總 編：吳愉萱
發 行 人：賀郁文

出版發行：重版文化整合事業股份有限公司
臉書專頁：https://www.facebook.com/readdpublishing
連絡信箱：service@readdpublishing.com

總 經 銷：聯合發行股份有限公司
地　　址：新北市新店區寶橋路 235 巷 6 弄 6 號 2 樓
電　　話：(02)2917-8022　　傳　　真：(02)2915-6275

法律顧問：李柏洋律師
印　　製：沐春行銷創意公司

一版一刷：2024 年 5 月
定　　價：新台幣 380 元

國家圖書館出版品預行編目 (CIP) 資料
人生，不只是一場馬拉松 / 藍白拖文 . -- 一版 .
-- 臺北市 : 重版文化整合事業股份有限公司 , 2024.05
　面；　公分 . -- (Life ; 6)
ISBN 978-626-97865-9-6(平裝)
1.CST: 人生哲學 2.CST: 自我實現
191.9　　　113006351